쓰기로
마스터하는
중학 서술형

쓰기로 마스터하는 중학 서술형 2학년

지은이	NE능률 영어교육연구소
선임연구원	신유승
연구원	선정아 강동효 은다나
영문 교열	August Niederhaus Nathaniel Galletta
디자인	닷츠
내지 일러스트	박응식
맥편집	박진영

+	교재 네이밍에 도움을 주신 분
	임동욱 님

43rd SINCE1980
Let's grow together

NE능률이
미래를
창조합니다.

건강한 배움의 고객가치를 제공하겠다는 꿈을 실현하기 위해
40년이 넘는 시간 동안 열심히 달려왔습니다.

앞으로도 끊임없는 연구와 노력을 통해
당연한 것을 멈추지 않고

고객, 기업, 직원 모두가 함께 성장하는 NE능률이 되겠습니다.

PREFACE

서술형 문제 하나로 여러분의 내신 등급이 바뀝니다.
서술형은 문항 수는 적지만 배점이 높아 점수 등락에 큰 영향을 미치기 때문입니다. 시험 기간 동안 서술형을 준비해 보지만, 공부한 만큼 점수가 나오지 않습니다. 주로 문법에 대한 지식을 묻는 선택형과는 달리, 서술형은 문법에 대한 이해를 "쓰기로 표현"하는 언어 수행(performance) 능력을 평가하기 때문입니다.

〈쓰기로 마스터하는 중학서술형〉은 서술형에 완벽 대비하면서 영작의 기본기도 다질 수 있는 교재입니다.
〈쓰기로 마스터하는 중학서술형〉은 여러분이 어떻게 하면 효율적으로 서술형에 대비하고 나아가 영작의 기본기를 다질 수 있을지 고심하고 연구한 결과물입니다. 심혈을 기울여 만든 저희 교재의 특장점은 다음과 같습니다.

첫째, 서술형으로 주로 출제되는 문법 항목을 선별하여 목차를 구성하였습니다.
내신 준비에 용이하도록 중학 교과서 문법과 연계하되 불필요한 내용은 과감히 없애고, 서술형으로 주로 출제되는 내용을 선별하였습니다. 또한 영작에 도움이 되는 '문장의 구조' 및 문장의 중심이 되는 '동사'를 강조하여 목차를 구성하였습니다.

둘째, 전국 내신 서술형 기출문제를 철저히 분석하여 단계별·유형별로 제시하였습니다.
표준 서술형 유형이라고 할 수 있는 '단어 배열하기, 빈칸 채우기, 문장 완성하기, 틀린 부분 고쳐쓰기'를 단계별로 제시하여 문장의 구조를 파악하고 문장 단위의 쓰기 연습을 충분히 하도록 하였습니다. 또한 문법 항목 별로 최다 빈출 서술형 유형을 도출하여 유형별 문제 풀이 과정 및 팁을 제시하였습니다. 이를 통해 다양한 서술형 유형을 익히고, 인칭이나 시제 등의 단순한 실수로 감점 받는 일이 없도록 훈련할 수 있습니다.

셋째, 실전에 대비할 수 있도록 하였습니다.
각 챕터마다 실제 시험 형식의 기출 응용문제를 제공하였으며, 서너 개의 챕터마다 중간·기말고사와 같은 형태의 누적 시험을 제공하여 내신 대비용 모의고사로 활용할 수 있도록 하였습니다.

〈쓰기로 마스터하는 중학서술형〉으로 차근차근 공부하다 보면 내신 만점과 영작 실력 향상뿐만 아니라, 영어에 흥미도 느끼게 될 거라 자신합니다. 포기하지 말고 끝까지 공부하셔서 세 마리 토끼를 모두 잡으시기 바랍니다.

STRUCTURE & FEATURES

문법 설명

군더더기 없이 쓰기와 서술형 대비에 꼭 필요한 핵심 문법 설명만을 담았습니다.

문장으로 CHECK UP

표준 서술형 유형인 '단어 배열하기, 빈칸 채우기, 문장 완성하기, 틀린 부분 고쳐쓰기'로 문장 쓰기 연습을 충분히 할 수 있습니다.

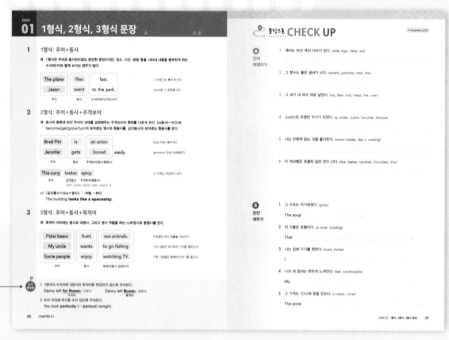

출제포인트 / 오답노트

문법 항목별 출제 포인트 및 학생들이 흔히 실수하는 오답을 정리한 코너를 통해 효율적으로 서술형에 대비할 수 있습니다.

서술형으로 STEP UP

문법 항목별로 자주 출제되는 문제 유형의 풀이 과정 및 팁을 제시하여 다양한 서술형 유형에 익숙해지고 문제 해결 능력도 키울 수 있습니다.

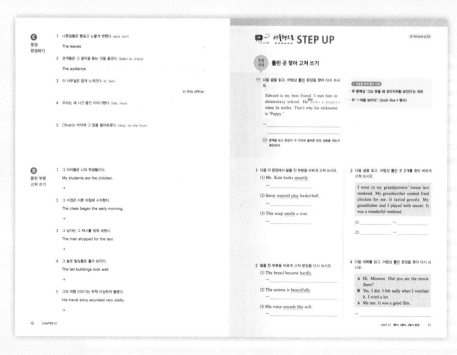

기출문제로 WRAP UP

전국 내신 기출문제를 철저히 분석하고 적용한
양질의 문제로 서술형에 완벽 대비할 수
있습니다.

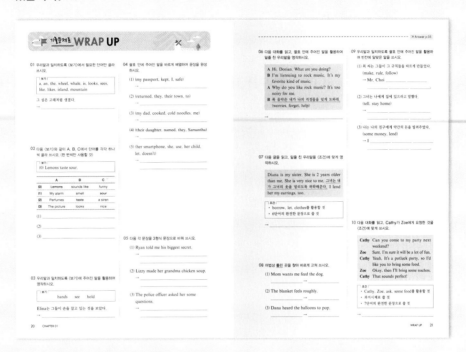

누적시험으로 LEVEL UP

2~3개월 동안 학습한 내용을 다루는 실제 내신 시험처럼
2~4개의 유닛을 묶어 문제를 출제한 누적시험으로
실전 감각을 기를 수 있습니다.

CONTENTS

SPECIAL THANKS TO <쓰기로 마스터하는 중학서술형> 교재를 검토해주신 선생님들입니다.

김용진 대성학원   **김혜영** 스터디원   **백명숙** 청심보습학원   **엄경화** 코헨영어
이천우 청원여자고등학교   **편영우** 자이언학원   **호현** 계원예술학교

01
>>> START

02

FINISH

10

CHAPTER
01

문장의 구조

09

08

03 04

05

06

07

1 1형식: 주어＋동사

● 1형식은 주어와 동사만으로도 완전한 문장이지만, 장소·시간·방법 등을 나타내 내용을 풍부하게 하는
수식어(구)와 함께 쓰이는 경우가 많다.

The plane	flies	fast.	그 비행기는 빠르게 난다.
Jason	went	to the park.	Jason은 그 공원에 갔다.
주어	동사	수식어(부사/전치사구)	

2 2형식: 주어＋동사＋주격보어

● 동사의 종류에 따라 주어의 상태를 설명해주는 주격보어의 형태를 다르게 쓴다. be동사(~이다)와
become/get/grow/turn의 보어로는 명사와 형용사를, 감각동사의 보어로는 형용사를 쓴다.

Brad Pitt	is	an actor.		Brad Pitt는 배우이다.
Jennifer	gets	bored	easily.	Jennifer는 쉽게 지루해한다.
주어	동사	주격보어(명사/형용사)		

This curry	tastes	spicy.	이 카레는 매운맛이 난다.
주어	감각동사	주격보어(형용사)	
	look, taste, smell, feel, sound 등		

cf. 〈감각동사＋like＋명사〉: '…처럼 ~하다'
The building **looks like a spaceship**.

3 3형식: 주어＋동사＋목적어

● 목적어 자리에는 명사와 대명사, 그리고 명사 역할을 하는 to부정사와 동명사를 쓴다.

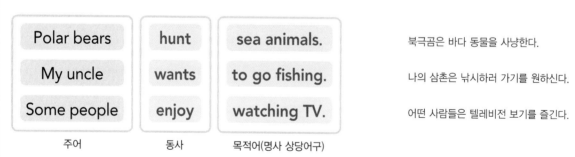

Polar bears	hunt	sea animals.	북극곰은 바다 동물을 사냥한다.
My uncle	wants	to go fishing.	나의 삼촌은 낚시하러 가기를 원하신다.
Some people	enjoy	watching TV.	어떤 사람들은 텔레비전 보기를 즐긴다.
주어	동사	목적어(명사 상당어구)	

출제
포인트

1 1형식의 수식어와 3형식의 목적어를 헷갈리지 않도록 주의한다.
Danny left **for Busan**. (1형식)　　　Danny left **Busan**. (3형식)
　　　　　수식어　　　　　　　　　　　　　　　　목적어

2 보어 자리에 부사를 쓰지 않도록 주의한다.
You look ~~perfectly~~ (→ **perfect**) tonight.

A

단어
배열하기

1 개미는 여섯 개의 다리가 있다. (ants, legs, have, six)

2 그 향수는 좋은 냄새가 난다. (smells, perfume, nice, the)

3 그 새가 내 머리 위로 날았다. (my, flew, bird, head, the, over)

4 Justin은 유명한 작가가 되었다. (a, writer, Justin, became, famous)

5 나는 만화책 읽는 것을 좋아한다. (comic books, like, I, reading)

6 이 캐러멜은 초콜릿 같은 맛이 난다. (like, tastes, caramel, chocolate, this)

B

빈칸
채우기

1 그 수프는 차가워졌다. (grow)

The soup   .

2 저 건물은 호텔이다. (a hotel, building)

That   .

3 나는 집에 가기를 원한다. (want, home)

I   .

4 나의 새 침대는 편하게 느껴진다. (feel, comfortable)

My   .

5 그 가게는 10시에 문을 닫는다. (o'clock, close)

The store   .

1 나뭇잎들은 빨갛고 노랗게 변했다. (and, turn)

The leaves _____ .

2 관객들은 그 음악을 듣는 것을 즐겼다. (listen to, enjoy)

The audience _____ .

3 이 사무실은 덥게 느껴진다. (it, feel)

_____ in this office.

4 우리는 세 시간 동안 이야기했다. (talk, hour)

5 Oliver는 바닥에 그 컵을 떨어트렸다. (drop, on the floor)

1 그 아이들은 나의 학생들이다.

My students are the children.

→

2 그 수업은 이른 아침에 시작했다.

The class began the early morning.

→

3 그 남자는 그 택시를 멈춰 세웠다.

The man stopped for the taxi.

→

4 그 높은 빌딩들은 좋아 보인다.

The tall buildings look well.

→

5 그의 여행 이야기는 무척 이상하게 들렸다.

His travel story sounded very oddly.

→

빈출유형 **틀린 곳 찾아 고쳐 쓰기**

예제 다음 글을 읽고, 어법상 **틀린** 문장을 찾아 다시 쓰시오.

Edward is my best friend. I met him in elementary school. He ❶❷looks a puppy when he smiles. That's why his nickname is "Puppy."

→ _____

_____

★ **서술형 문제 풀이 과정**

❶ 문맥상 '그는 웃을 때 강아지처럼 보인다'는 의미

❷ '~처럼 보이다': 〈look like + 명사〉

(TIP) 문맥을 보고 문장의 각 자리에 올바른 문장 성분을 썼는지 확인하자!

---

1 다음 각 문장에서 밑줄 친 부분을 바르게 고쳐 쓰시오.

(1) Mr. Kim looks <u>smartly</u>.

→ _____

(2) Jenny <u>wanted play</u> basketball.

→ _____

(3) This soap <u>smells</u> a rose.

→ _____

2 밑줄 친 부분을 바르게 고쳐 문장을 다시 쓰시오.

(1) The bread became <u>hardly</u>.

→ _____

(2) The actress is <u>beautifully</u>.

→ _____

(3) His voice <u>sounds like soft</u>.

→ _____

3 다음 글을 읽고, 어법상 **틀린** 곳 2개를 찾아 바르게 고쳐 쓰시오.

I went to my grandparents' house last weekend. My grandmother cooked fried chicken for me. It tasted greatly. My grandfather and I played with soccer. It was a wonderful weekend.

(1) _____ → _____

(2) _____ → _____

4 다음 대화를 읽고, 어법상 **틀린** 문장을 찾아 다시 쓰시오.

A Hi, Minwoo. Did you see the movie *Tears*?

B Yes, I did. I felt sadly when I watched it. I cried a lot.

A Me too. It was a good film.

→ _____

1 4형식: 주어+수여동사+간접목적어+직접목적어

● 4형식 문장은 3형식 문장으로 바꿔 쓸 수 있는데, 이때 동사에 따라 전치사를 다르게 쓴다.

| Emma | cooked | me | dinner. | 4형식 |
| 주어 | 수여동사 | 간접목적어 | 직접목적어 | |

| Emma | cooked | dinner | for me. | 3형식 |
| 주어 | 수여동사 | 직접목적어 | 전치사+간접목적어 | |

Emma는 나에게 저녁을 요리해줬다.

■ **4형식에서 3형식으로 전환 시 동사에 따른 전치사의 종류**

수여동사	전치사
give, show, send, lend, tell, teach, bring, write 등	to
make, buy, cook, get 등	for
ask	of

2 5형식: 주어+동사+목적어+목적격보어

● 목적어의 상태를 설명해주는 목적격보어 자리에는 명사, 형용사, to부정사 등을 쓸 수 있다.

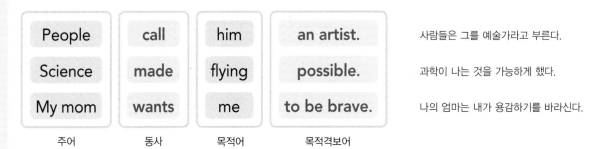

People	call	him	an artist.
Science	made	flying	possible.
My mom	wants	me	to be brave.
주어	동사	목적어	목적격보어

사람들은 그를 예술가라고 부른다.

과학이 나는 것을 가능하게 했다.

나의 엄마는 내가 용감하기를 바라신다.

■ **동사에 따른 목적격보어의 형태**

동사	목적격보어
call, name, make 등	명사
get, find, make, keep 등	형용사
ask, want, tell, expect, allow 등	to부정사

> ◀ **주의!**
>
> 동사 make는 3, 4, 5형식 문장으로 모두 쓰일 수 있으며, 5형식 문장으로 쓰일 때, 목적격보어로 명사, 형용사, 동사원형을 모두 쓸 수 있다.
> · I made **a chair**. (3형식)
> · I made **my son a chair**. (4형식)
> · The movie made him **a star/famous/cry**. (5형식)

출제 포인트

5형식 문장의 목적격보어로 형용사, to부정사를 쓰는 문제가 자주 출제되니 해당 동사를 기억해 둔다.

He **makes** me ~~happily~~ (→ **happy**).

He **wants** me ~~rest~~ (→ **to rest**).

A

단어
배열하기

1 Hannah는 나에게 흥미로운 이야기를 해주었다. (interesting, told, Hannah, an, story, me)

2 나의 엄마는 나에게 자전거 한 대를 사주셨다. (me, bought, my, a bike, for, mom)

3 나는 너에게 이메일 한 통을 보낼 것이다. (I, you, to, send, will, an email)

4 David는 그의 가족을 실망하게 만들었다. (his, made, David, family, disappointed)

5 그는 내가 정문을 통과하도록 허락했다. (go through, he, the gate, to, me, allowed)

6 예진이는 직원에게 그녀의 탑승권을 보여주었다. (the staff, Yejin, boarding pass, showed, her)

B

빈칸
채우기

1 사람들은 그 태풍을 'Roke'라고 이름 붙였다. (typhoon, name)

People _____ .

2 Peter는 그들에게 신문을 가져다주었다. (newspapers, get)

Peter _____ .

3 나의 부모님은 나에게 그들의 카메라를 빌려주셨다. (lend)

My parents _____ .

4 나는 Kevin에게 나를 도와달라고 말했다. (tell, help)

I _____ me.

5 James는 그의 집을 따뜻하게 유지했다. (keep, warm, house)

James _____ .

C

문장 완성하기

1 지민이는 그에게 만두를 요리해줬다. (dumplings)

Jimin   .

2 나는 네가 노래하는 것을 멈추기를 바란다. (stop, want)

                                                                                    singing.

3 나는 그 책이 유용하다고 생각했다. (find, useful)

4 그는 Donald에게 설거지를 해달라고 부탁했다. (ask, wash the dishes)

5 그들은 그녀에게 상을 주었다. (give, the prize)

D

틀린 부분 고쳐 쓰기

1 나는 그에게 음료수를 사주었다.

I bought a drink to him.

→

2 태호는 외국인들에게 한국어를 가르친다.

Taeho teaches Korean foreigners.

→

3 그녀는 네가 사실을 말하기를 기대한다.

She expects you tell the truth.

→

4 우리는 그를 야구 선수로 만들었다.

We made a baseball player him.

→

5 내 남동생은 때때로 나를 화나게 한다.

My brother sometimes gets me angrily.

→

빈출유형 배열 영작하기

예제 다음 글을 읽고, 밑줄 친 우리말과 일치하도록 주어진 말을 바르게 배열하시오.

> Today is my mom's birthday. She loves flowers, so I bought some tulips. 또한 나는 ❶그녀에게 사과파이를 만들어드렸다. My mom was surprised and happy. We enjoyed eating the pie together.

an apple pie, ❷for, made, I, her

→ Also, _____.

TIP 우리말을 보고 문장의 구조를 유추해서 올바른 어순으로 쓰자!

★ 서술형 문제 풀이 과정

❶ '~에게 …를'이므로 〈주어+수여동사+간접목적어+직접목적어〉의 4형식 문장

❷ 동사 made와 전치사 for가 있으므로 3형식 문장으로 전환해서 쓰기

---

1 우리말과 일치하도록 괄호 안에 주어진 말을 바르게 배열하시오.

(1) 그 점원은 나에게 스웨터 한 벌을 가져다주었다.
   (me, brought, the clerk, a sweater)
   → _____

(2) 그는 나에게 회의에 참석해달라고 부탁했다.
   (asked, attend, me, the meeting, to, he)
   → _____

(3) 너는 나의 카드를 그들에게 보내줄 수 있니?
   (send, you, them, to, my card, can)
   → _____

(4) 그 소식은 우리를 긴장하게 만들었다.
   (us, made, nervous, the news)
   → _____

2 다음 대화를 읽고, 밑줄 친 우리말과 일치하도록 주어진 말을 바르게 배열하시오.

> **A** Do you have a nickname?
> **B** Yes. 내 친구들은 나를 '해리 포터'라고 불러.
> **A** Why do they call you that?
> **B** Because I have a scar on my forehead.

call, my friends, me, "Harry Potter"

→ _____

3 다음 대화를 읽고, 대화의 내용과 일치하도록 주어진 말을 바르게 배열하시오.

> **Dad** Sora, where did you put the trash?
> **Sora** I put it right in front of the door.
> **Dad** Honey, you should recycle the trash.
> **Sora** Okay, Dad.

Sora, Dad, recycle, wants, the trash, to

→ _____

1 사역동사의 목적격보어

● '(목적어)가 ～하도록 시키다/허락하다'의 의미를 표현하고 싶을 때는 사역동사(make, have, let)을 사용하며, 목적격보어 자리에 동사원형을 쓴다.

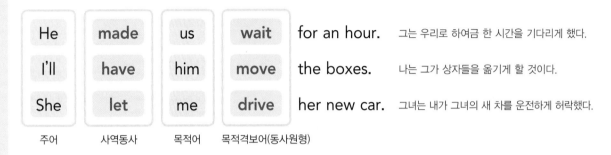

He	made	us	wait	for an hour.	그는 우리로 하여금 한 시간을 기다리게 했다.
I'll	have	him	move	the boxes.	나는 그가 상자들을 옮기게 할 것이다.
She	let	me	drive	her new car.	그녀는 내가 그녀의 새 차를 운전하게 허락했다.
주어	사역동사	목적어	목적격보어(동사원형)		

cf. 〈help+목적어+동사원형/to부정사〉

My sister *helped* me (**to**) **choose** a dress.

2 지각동사의 목적격보어

● '(목적어)가 ～하는 것을 보다/듣다/느끼다' 등의 의미를 표현하고 싶을 때는 지각동사(see, watch, hear, feel 등)을 사용하며, 목적격보어 자리에 동사원형을 쓴다.

I	saw	him	dance.	나는 그가 춤추는 것을 봤다.
Rob	heard	me	laugh.	Rob은 내가 웃는 것을 들었다.
They	felt	the house	shake.	그들은 그 집이 흔들리는 것을 느꼈다.
주어	지각동사	목적어	목적격보어(동사원형)	

cf. 〈지각동사+목적어+현재분사〉

동작이 진행 중임을 강조하고 싶을 때는 지각동사의 목적격보어로 현재분사(v-ing)를 쓴다.

I *saw* him **dance**. (춤추는 것을 처음부터 끝까지 다 본 경우)

I *saw* him **dancing**. (춤추고 있는 특정 시점을 본 경우)

출제 포인트

사역동사와 지각동사 뒤 목적격보어로 to부정사는 쓸 수 없다.

The cook made him ~~to wash~~ (→ **wash**) the dishes.

A

단어
배열하기

1 그녀는 내가 그녀의 짐을 들도록 했다. (carry, she, had, her luggage, me)

2 우리는 아이들이 숨바꼭질하는 것을 봤다. (children, watched, play, we, hide-and-seek)

3 나는 John이 나의 자전거를 빌려 가게 허락했다. (borrow, let, John, I, my bicycle)

4 그는 누군가가 울고 있는 소리를 들었다. (he, crying, heard, someone)

5 박 선생님은 우리가 자기소개를 하도록 했다. (introduce, Ms. Park, us, ourselves, made)

B

빈칸
채우기

1 나는 그가 나의 초콜릿 우유를 마시게 허락했다. (let, drink)

my chocolate milk.

2 Michael은 내가 길을 건너고 있는 것을 봤다. (cross, see)

Michael _____ the road.

3 George는 그 학생들이 내부에 머물도록 했다. (stay, have)

George _____ inside.

4 Christine은 초인종이 울리는 소리를 들었다. (ring, the bell)

Christine _____.

5 나는 바람이 불고 있는 것을 느꼈다. (blow, the wind)

I _____.

6 그녀는 그녀의 아들이 그의 숙제에 대해 불평하는 것을 들었다. (complain, hear)

about his homework.

1 Susan은 그가 그 사무실을 청소하게 했다. (clean, have, office)

Susan   .

2 아빠는 내가 그의 노트북을 가지게 허락하셨다. (have, let, laptop)

Dad   .

3 우리 선생님은 우리가 주제를 정하도록 도와주셨다. (choose a topic)

Our teacher   .

4 그녀는 그 새가 벌레를 먹는 것을 보았다. (eat, see, a worm)

5 나는 그가 나가는 소리를 듣지 못했다. (go out, hear)

1 Alan은 우리가 그의 사진들을 보게 했다.

Alan made us looking at his photos.

→

2 Robert는 그 유리창이 깨지는 소리를 들었다.

Robert heard the window breaks.

→

3 Lucy는 그녀의 여동생이 그 치마를 입도록 허락했다.

Lucy let her sister to wear the skirt.

→

4 나는 그 요리사가 파스타를 만들고 있는 것을 보았다.

I watched the chef to make pasta.

→

5 그는 누군가 그의 어깨를 만지는 것을 느꼈다.

He felt someone touches his shoulder.

→

서술형으로 STEP UP

빈출 유형 두 문장을 한 문장으로 쓰기

예제 다음 〈보기〉와 같이 두 문장을 한 문장으로 바꿔 쓰시오.

┌ 보기 ┐
The butterfly flew away. Amber saw ❶ it.
→ Amber ❷❸ saw the butterfly fly away. •
└─────────────────────────────────┘

★ 서술형 문제 풀이 과정

❶ it은 앞 문장(나비가 날아가는 것)을 가리킴

❷ 지각동사가 있는 5형식 문장을 쓰는 문제

❸ 지각동사의 목적어 자리에는 첫 문장의 주어,
목적격보어 자리에는 첫 문장의 동사를 원형이나
현재분사로 바꿔 쓰기

My neighbor played the guitar. I heard it.

→ _____

TIP 지각동사나 사역동사가 있는 5형식 문장의 어순과 목적격
보어의 형태에 주의하자!

1 다음 그림을 보고, 두 문장을 한 문장으로 바꿔 쓰시오.

(1)

John was dancing in the street. I saw it.

→ _____

(3)

The eggs were burning. She smelled it.

→ _____

(2)

Mom was singing a lullaby. I heard it.

→ _____

(4)

Something bit me. I felt it.

→ _____

01 우리말과 일치하도록 〈보기〉에서 필요한 단어만 골라 쓰시오.

> 보기
> a, an, the, wheel, whale, is, looks, sees, like, likes, island, mountain

그 섬은 고래처럼 생겼다.

→ _____

02 다음 〈보기〉와 같이 A, B, C에서 단어를 각각 하나씩 골라 쓰시오. (한 번씩만 사용할 것)

> 보기
> (0) Lemons taste sour.

	A	B	C
(0)	~~Lemons~~	sounds like	funny
(1)	My alarm	smell	~~sour~~
(2)	Perfumes	~~taste~~	a siren
(3)	The picture	looks	nice

(1) _____

(2) _____

(3) _____

03 우리말과 일치하도록 〈보기〉에 주어진 말을 활용하여 영작하시오.

> 보기
> hands   see   hold

Elina는 그들이 손을 잡고 있는 것을 보았다.

→ _____

04 괄호 안에 주어진 말을 바르게 배열하여 문장을 완성하시오.

(1) (my passport, kept, I, safe)

→ _____

(2) (returned, they, their town, to)

→ _____

(3) (my dad, cooked, cold noodles, me)

→ _____

(4) (their daughter, named, they, Samantha)

→ _____

(5) (her smartphone, she, use, her child, let, doesn't)

→ _____

_____

05 다음 각 문장을 3형식 문장으로 바꿔 쓰시오.

(1) Ryan told me his biggest secret.

→ _____

_____

(2) Lizzy made her grandma chicken soup.

→ _____

_____

(3) The police officer asked her some questions.

→ _____

_____

06 다음 대화를 읽고, 괄호 안에 주어진 말을 활용하여 밑줄 친 우리말을 영작하시오.

> **A** Hi, Dorian. What are you doing?
> **B** I'm listening to rock music. It's my favorite kind of music.
> **A** Why do you like rock music? It's too noisy for me.
> **B** <u>록 음악은 내가 나의 걱정들을 잊게 도와줘.</u>
> (worries, forget, help)

→ _____

07 다음 글을 읽고, 밑줄 친 우리말을 〈조건〉에 맞게 영작하시오.

> Diana is my sister. She is 2 years older than me. She is very nice to me. <u>그녀는 내가 그녀의 옷을 빌리도록 허락해준다.</u> I lend her my earrings, too.

> ☐ 조건
> • borrow, let, clothes를 활용할 것
> • 6단어의 완전한 문장으로 쓸 것

→ _____

08 어법상 틀린 곳을 찾아 바르게 고쳐 쓰시오.

(1) Mom wants me feed the dog.

_____ → _____

(2) The blanket feels roughly.

_____ → _____

(3) Dana heard the balloons to pop.

_____ → _____

09 우리말과 일치하도록 괄호 안에 주어진 말을 활용하여 빈칸에 알맞은 말을 쓰시오.

(1) 최 씨는 그들이 그 규칙들을 따르게 만들었다.
(make, rule, follow)

→ Mr. Choi _____ _____

_____ _____ _____.

(2) 그녀는 나에게 집에 있으라고 말했다.
(tell, stay home)

→ _____ _____ _____

_____ _____ _____.

(3) 나는 나의 친구에게 약간의 돈을 빌려주었다.
(some money, lend)

→ I _____ _____ _____

_____ _____ _____.

10 다음 대화를 읽고, Cathy가 Zoe에게 요청한 것을 〈조건〉에 맞게 쓰시오.

> **Cathy** Can you come to my party next weekend?
> **Zoe** Sure. I'm sure it will be a lot of fun.
> **Cathy** Yeah. It's a potluck party, so I'd like you to bring some food.
> **Zoe** Okay, then I'll bring some nachos.
> **Cathy** That sounds perfect!

> ☐ 조건
> • Cathy, Zoe, ask, some food를 활용할 것
> • 과거시제로 쓸 것
> • 7단어의 완전한 문장으로 쓸 것

→ _____

CHAPTER
02

시제와 조동사

03

04

05

06

07

현재/과거/미래시제와 진행형

1 현재시제, 과거시제, 미래시제

● 현재시제는 현재의 반복적인 일이나 습관, 상태 등을, 과거시제는 과거의 일이나 역사적 사실 등을 말할 때 쓴다.

Tom **is** a teacher. 현재시제   Tom은 교사이다.

Tom **was** a student *four years ago*. 과거시제   Tom은 4년 전에 학생이었다.
     과거를 나타내는 부사(구)

Dad *often* **does** the dishes. 현재시제   아빠는 종종 설거지를 하신다.

Dad **did** the laundry *yesterday*. 과거시제   아빠는 어제 빨래를 하셨다.

● 미래에 일어날 일은 동사원형 앞에 will 또는 be going to를 써서 나타낼 수 있다.

She	**will**	**arrive**	*tomorrow.*	그녀는 내일 도착할 것이다.
We	**won't** = will not	**be**	late again.	우리는 다시 늦지 않을 것이다.
Jay	**is going to**	**change**	schools *next year.*	Jay는 내년에 전학 갈 예정이다.

will 또는 be going to   동사원형

2 진행형

● 현재진행형: 현재 진행 중인 동작이나 상황을 나타낼 때 〈am/are/is v-ing〉의 형태로 쓴다.

He **exercises** at the gym *every day*. 현재시제   그는 매일 그 체육관에서 운동한다.

He **is exercising** at the gym *right now*. 현재진행형   그는 지금 그 체육관에서 운동 중이다.

● 과거진행형: 과거에 진행 중이었던 동작이나 상황을 나타낼 때 〈was/were v-ing〉의 형태로 쓴다.

She **read** a newspaper *this morning*. 과거시제   그녀는 오늘 아침에 신문을 읽었다.

She **was reading** a newspaper *at that time*. 과거진행형   그녀는 그때 신문을 읽고 있었다.

출제 포인트

동사로 현재, 과거, 미래, 진행형 등의 시제를 표현할 때, 동사의 형태에 유의한다.
He usually ~~play~~ (→ **plays**) tennis on Sunday morning. 현재시제
I ~~goed~~ (→ **went**) to the movies last weekend. 과거시제
She is going to ~~buys~~ (→ **buy**) a smartphone. 미래시제
The dog is ~~lieing~~ (→ **lying**) on the grass. 진행형

A
단어
배열하기

1 Reed 씨는 작년에 뉴욕에서 일했다. (in, worked, Ms. Reed, New York)

last year.

2 그녀는 매일 말을 탄다. (a horse, she, rides)

every day.

3 그 여자는 내일 우리를 방문할 것이다. (visit, the woman, going, us, is, to)

tomorrow.

4 Jacob은 빨간 모자를 쓰고 있다. (a red hat, is, Jacob, wearing)

5 나는 비닐봉지를 사용하지 않을 것이다. (not, plastic bags, will, I, use)

6 네가 나에게 전화했을 때, 나는 샤워 중이었다. (I, a shower, called, me, taking, was, you)

When .

B
빈칸
채우기

1 우리 동아리는 매주 수요일 밤마다 만난다. (meet, club)

every Wednesday night.

2 나는 다음 주에 그 파티에 갈 것이다. (go)

the party next week.

3 Emma는 어제 선글라스를 사고 있었다. (shop for)

yesterday.

4 그들은 한 시간 후에 저녁을 먹을 것이다. (eat dinner)

in an hour.

5 우리는 우리의 보고서를 함께 쓰고 있다. (report, write)

together.

1 나는 칼로 사과 한 개를 자르고 있다. (cut)

with a knife.

2 나의 어머니는 아침에 산책하러 가신다. (go for a walk)

in the morning.

3 우리는 돈을 절약하는 방법들에 대해 이야기하고 있었다. (way, talk about)

to save money.

4 Hillary는 어젯밤에 다섯 시간 동안 잤다. (last, sleep, for)

Hillary   .

5 그 회사는 그 계획을 바꿀 것이다. (company, plan, change)

1 나는 지난달에 내 여행 가방을 잃어버렸다.

I lost my suitcase last month.

→

2 Tim은 매일 밤 이 책으로 영어를 공부한다.

Tim study English with this book every night.

→

3 Elena는 몇 년 후에 대학에 갈 것이다.

Elena is in college in a few years.

→

4 사람들이 그들의 운동화 끈을 묶고 있다.

People are tieing their running shoes.

→

5 그 축구팀은 오늘 밤 경기를 하지 않을 예정이다.

The soccer team is going not to play a game tonight.

→

서술형으로 STEP UP

>> Answer p.04

빈출유형 대화 완성하기

예제 다음 대화를 읽고, 괄호 안에 주어진 말을 활용하여 밑줄 친 우리말을 영작하시오.

A Sujin, what was that sound?
B I'm sorry. 나의 고양이가 거실에서 컵 하나를 ❶깨뜨렸어요. ❷(break, in the living room)

★ 서술형 문제 풀이 과정

❶ '깨뜨린' 것은 과거의 일이므로 과거시제 사용

❷ 동사 break의 과거형은 broke

→ _____
_____

TIP 문맥과 우리말 동사의 어미를 보고 시제를 판단한다!

[01~03] 다음 대화를 읽고, 괄호 안에 주어진 말을 바르게 배열하시오.

1
A What are you going to do tomorrow?
B _____
(a museum, we, go, are, to, going, to)

2
A What does your brother usually do on the weekend?
B _____
_____ on the weekend.
(TV show, he, favorite, usually, his, watches)

3
A What were you doing when I called you?
B _____
_____
(sister, I, playing, my, was, with, computer games)

[04~05] 다음 대화를 읽고, 괄호 안에 주어진 말을 활용하여 밑줄 친 우리말을 영작하시오.

4
A Jason is always rude. How was your meeting with him?
B It was fine. 그가 나에게 말하는 동안 나는 듣고 있지 않았거든. (listen)

→ _____
while he talked to me.

5
A What are you doing?
B (1) 나는 점심을 먹고 있는 중이야. (have)
A Isn't it late for lunch? It's 3 o'clock!
B (2) 나는 오전에 바빠서 점심 먹을 시간이 없었어. (for lunch, have time)

(1) _____

(2) As I was busy in the morning, _____
_____.

1 현재완료

● 현재완료는 〈have/has+v-ed(과거분사)〉 형태로, 현재와 관계없는 일을 나타내는 과거시제와 달리, 과거의 일이 현재에 영향을 미칠 때 쓴다.

You **have** studied Japanese before.　　너는 전에 일본어를 공부한 적이 있다.
= You've

You **have** **not** studied Japanese before.　　너는 전에 일본어를 공부한 적이 없다.
= haven't (has not은 hasn't)

Have you studied Japanese before?　　너는 전에 일본어를 공부한 적이 있니?
→ 대답은 Yes, I have. / No, I haven't.

2 현재완료의 용법

● 완료: just, already, (not) yet 등과 함께 써서 과거에 시작한 일이 지금 막 완료되었음을 나타낸다.
└ 주로 과거분사 앞에 씀　└ 주로 문장 끝에 씀

They **have** *just* **got** on the train. (지금 막 ~했다)
Suho **has** *not* **finished** his homework *yet*. (아직 ~하지 않았다)

└ 주로 문장 끝에 씀
● 경험: ever, never, before, once, three times 등과 함께 써서 과거부터 현재까지 겪은 일을 나타낸다.
└ 주로 과거분사 앞에 씀

Have you *ever* **worked** part-time? (한 번이라도 ~해본 적이 있다)
Dana **has taught** English to children *before*. (전에 ~한 적이 있다)

● 계속: 〈for+기간〉, 〈since+시점〉, how long 등과 함께 써서 과거부터 현재까지 계속되는 일을 나타낸다.
└ 주로 문장 끝에 씀

Nicole **has donated** money to charity *since 2010*. (… 이후로 계속 ~해왔다)
How long **have** you **been** in Korea? (얼마나 오랫동안 ~해왔니?)

● 결과: 과거에 일어난 일의 결과가 현재까지 영향을 주는 경우를 나타낸다.

I **have lost** my wallet. (~해버려서 지금은 …이다)

cf. 〈have/has been to〉 vs. 〈have/has gone to〉
He **has been to** Portugal. (그는 포르투갈에 가본 적이 있음 – 경험)
He **has gone to** Portugal. (그는 포르투갈에 가고 없는 상태임 – 결과)

출제 포인트
현재완료는 과거의 시점을 나타내는 말과 함께 쓸 수 없다.
I **have read** the book ~~last week~~.

A

단어
배열하기

1 그들은 3년 동안 편지를 주고받아왔다. (for, have, letters, three, exchanged, years)

They _____.

2 그녀는 한국에서 콘서트를 한 적이 없다. (had, she, a concert, never, has)

_____ in Korea.

3 그 남자들은 아직 그 집을 짓지 않았다. (the house, the men, not, built, have)

_____ yet.

4 우리가 전에 만난 적이 있나요? (met, have, we, before)

_____

5 그의 아들이 나의 스마트폰을 망가뜨렸다. (my, broken, son, smartphone, has, his)

_____

6 당신은 얼마나 오랫동안 이 노트북을 사용해왔나요? (this laptop, you, long, have, how, used)

_____

B

빈칸
채우기

1 Emily는 집에 가고 없다. (home)

Emily _____.

2 나는 작년에 그의 역사 수업을 들었다. (class, take, history)

_____ last year.

3 그들은 2016년 이후로 비밀번호를 바꾸지 않았다. (the password, change)

_____ since 2016.

4 Levi는 방금 그의 새 차를 주차했다. (park, just)

_____ his new car.

5 너는 어리석은 무언가를 해본 적이 있니? (do, anything)

_____ stupid?

C

**문장
완성하기**

1 그는 한 시간 전에 설거지를 했다. (the dishes, wash)

_____ one hour ago.

2 그들은 그들의 고국을 떠나버렸니? (leave, home country)

Have _____ ?

3 그녀는 나에게 이미 그녀의 주소를 줬다. (give, address, already, to)

She has _____ .

4 나는 2년 동안 이 약을 복용해왔다. (take, medicine)

_____

5 우리는 이 영화를 다섯 번 본 적이 있다. (movie, see, time)

_____

D

**틀린 부분
고쳐 쓰기**

1 그들의 비행기는 지금 막 터미널에 도착했다.

Their plane has just arrive at the terminal.

→ _____

2 그는 작년부터 그림들을 그려왔다.

He has painted pictures for last year.

→ _____

3 우리가 전에 함께 노래를 부른 적이 있었나요?

Do we have sung together before?

→ _____

4 나는 아직 내 문자를 확인하지 않았다.

I have checked not my messages yet.

→ _____

5 Luna는 지난달에 롤러코스터를 탔다.

Luna has ridden a roller coaster last month.

→ _____

서술형으로 STEP UP

빈출유형 주어진 단어로 영작하기

예제 다음 대화를 읽고, 괄호 안에 주어진 말을 활용하여 밑줄 친 우리말을 영작하시오.

A 너는 '베이비치노'①②를 들어본 적이 있니?
(hear of)
B No, I ③haven't. What is that?
A It's foamy milk for babies.

→ ＿＿＿＿＿＿＿＿＿＿＿ a babyccino?

(TIP) 현재완료에 쓰이는 과거분사는 불규칙하게 변하는 경우도 많으므로 유의해서 쓰자!

★ 서술형 문제 풀이 과정

❶ '～을 해본 적이 있다'라는 경험의 의미는 현재완료 〈have/has v-ed〉로 표현

❷ 의문문이므로 〈Have/Has+주어+v-ed ～?〉 형태로 쓰기

❸ 대답에 쓰인 시제를 보고 현재완료라는 힌트를 얻을 수도 있음

---

1 다음 대화를 읽고, 괄호 안에 주어진 말을 활용하여 밑줄 친 우리말을 영작하시오.

A How long have you lived in Seoul?
B 나는 내가 태어난 이후로 서울에 살아왔어.
(live in)

→ ＿＿＿＿＿＿＿＿＿＿＿

since I was born.

2 다음 글을 읽고, 괄호 안에 주어진 말을 활용하여 밑줄 친 우리말을 영작하시오.

(1) 당신은 플라멩코 춤을 한 번이라도 본 적이 있나요? (see, ever) It's my favorite dance from Spain. (2) 저는 전에 스페인을 가본 적이 없어요. (never, before) But I'm going to go to Spain next month. I'm so excited!

(1) ＿＿＿＿＿＿＿＿＿＿＿
flamenco dancing?

(2) ＿＿＿＿＿＿＿＿＿＿＿

3 우리말과 일치하도록 괄호 안에 주어진 말을 활용하여 현재완료 문장을 영작하시오.

그녀는 이미 그녀의 숙제를 끝마쳤다.
(homework, already, finish)

→ ＿＿＿＿＿＿＿＿＿＿＿

4 두 사람의 경험 여부를 나타낸 다음 표를 보고, 현재완료 문장을 완성하시오.

	Dennis	Lucy
(1) drive a car	○	×
(2) swim in a river	○	×
(3) eat carrot cake	○	○

(1) Dennis ＿＿＿＿ ＿＿＿＿
＿＿＿＿ before.

(2) Lucy ＿＿＿＿ ＿＿＿＿ ＿＿＿＿
＿＿＿＿ ＿＿＿＿.

(3) Dennis and Lucy ＿＿＿＿ ＿＿＿＿
＿＿＿＿ ＿＿＿＿.

1 여러 가지 조동사

● must

「조동사 뒤에 동사원형을 씀

You must not drink before you drive. 금지·의무   너는 운전하기 전에 술을 마시면 안 된다.

His story must be true. 강한 추측   그의 이야기는 사실임이 틀림없다.

↔ His story cannot be true.   그의 이야기는 사실일 리 없다.
must가 추측의 의미로 쓰였을 때의 부정

● have/has to

I have to get up early tomorrow. 의무·필요   나는 내일 일찍 일어나야 한다.

I don't have to get up early on Sunday. 불필요   나는 일요일에는 일찍 일어날 필요가 없다.
'~할 필요가 없다'

● should

You should not play music loudly at night. 충고·의무   너는 밤에 음악을 크게 틀어서는 안 된다.

● had better

You had better clean up your room. 강한 충고   너는 네 방을 치우는 게 좋을 거다.
축약형은 You'd better, 부정형은 had better not

■ 기타 조동사

can	~할 수 있다	= be able to	I **can** sing songs well.
	~해도 좋다	= may	You **can** take pictures here.
	~해 주시겠어요?	= will	**Can** you pass me the salt?
may	~해도 좋다	= can	You **may** leave now.
	~일지도 모른다		It **may** be sunny tomorrow.
would like to	~하고 싶다		I'**d like to** buy a new backpack. **Would** you **like to** drink some juice?
used to	(과거에) ~하곤 했다	= would	Lindsey **used to** write him letters.
	(과거에) ~이었다		There **used to** be a playground here.

출제 포인트

have to를 쓸 때는 주어의 인칭과 수, 시제에 따라 형태가 달라짐에 주의한다.
• 주어가 3인칭 단수 현재형일 때: has to, doesn't have to, Does+주어+have to ~?
• 과거시제: had to, didn't have to, Did+주어+have to ~?
• 미래시제: will have to, won't have to, Will+주어+have to ~?

A

단어
배열하기

1 이 상점은 스마트폰 케이스를 팔지도 모른다. (may, smartphone cases, sell, this store)

2 너는 에스컬레이터 위에 서 있어야 한다. (stand, you, on, must, the escalator)

3 너는 네 우산을 가져가는 게 좋을 거야. (take, better, you, your umbrella, had)

4 저 남자는 왕일 리가 없다. (be, that man, a king, can't)

5 Jack은 그의 행동에 대해 사과해야 한다. (should, Jack, his behavior, apologize for)

6 함께 영화 한 편을 보고 싶니? (a movie, you, would, like to, watch, together)

B

빈칸
채우기

1 그녀는 지금 불안해하고 있는 것이 틀림없다. (anxious)

right now.

2 그들은 저녁 식사 전에 귀가해야 했다. (return, home)

before dinner.

3 그는 교복을 입을 필요가 없었다. (wear)

a uniform.

4 너는 너의 답을 바꾸지 않는 게 좋을 거야. (change)

your answer.

5 저는 Watson 씨와 이야기하고 싶어요. (talk, would)

to Mr. Watson.

C

문장
완성하기

1 그 아이는 잠자리에 오줌을 싸곤 했다. (wet the bed)

The child _____ .

2 너는 이 선반 위에 너의 책들을 올려놔도 된다. (put)

_____ on this shelf.

3 Marisa는 오늘 학교에 갈 필요가 없다. (have, go)

_____ today.

4 Ava는 시험을 위해 공부하는 게 좋을 거야. (had, for, the test)

_____

5 너는 그 출입구를 막으면 안 된다. (doorway, block)

_____

D

틀린 부분
고쳐 쓰기

1 사람들은 그 박물관에서 조용하게 있어야 한다.

People don't have to keep quiet in the museum.

→

2 나의 학교에 체육관이 있었다.

There would be a gym in my school.

→

3 너는 여기서 나를 기다릴 필요가 없었다.

You don't had to wait for me here.

→

4 날씨가 좋을지도 모른다.

The weather can't be fine.

→

5 너는 밤에 피아노를 치지 않는 게 좋을 거야.

You had not better play the piano at night.

→

빈출유형 조건에 맞게 영작하기

예제 다음 대화를 읽고, 빈칸에 들어갈 말을 〈조건〉에 맞게 영작하시오.

> **A** Let's❶ have lunch on the grass. •
> **B** ❶We can't. Look at that sign.
> **A** Oh, that's right. _____
> **B** Then let's have lunch on that bench.

┌ 조건 ┐
- 다음 괄호 안에❷ 주어진 말을 모두 사용할 것 •
  (should, we, on the grass, walk)
- 필요 시 단어를 추가하거나 변형하여❸ 6단어 •
  의 완전한 문장으로 쓸 것

→ _____

(TIP) 〈조건〉에 나온 단어 수에 맞춰 쓴다!

┌ ★ 서술형 문제 풀이 과정 ┐
❶ '잔디 위에서 점심을 먹을 수 없다'는 내용을 유추

❷ 주어진 말을 어법에 맞게 모두 배열해보기
  : We should walk on the grass.

❸ 문맥에 맞게 부정문으로 쓰되, 단어 수에 맞게
  축약형을 사용하기

[01~02] 다음 우리말을 〈조건〉에 맞게 영작하시오.

1 너는 여름에 음식을 먹을 때 주의해야 한다.

┌ 조건 ┐
- careful을 사용할 것
- 5단어를 추가하여 문장을 완성할 것

→ _____

  when you eat food in summer.

2 너는 매일 그 식물들에게 물을 줘야 한다.

┌ 조건 ┐
- the plants, water를 사용할 것
- 5단어를 추가하여 문장을 완성할 것

→ _____

  every day.

3 다음 대화를 읽고, B에게 충고하는 말을 〈조건〉에 맞게 영작하시오.

> **A** Blaire, you don't look good. What's wrong?
> **B** I ate too much ice cream, so I have a stomachache.
> **A** _____
> **B** Okay, I won't.

┌ 조건 ┐
- 빈칸에 한 단어씩 쓸 것
- eat, better, more ice cream을 사용하여
  완전한 문장으로 쓸 것

→ ___ ___ ___ ___ ___

  ___ ___ ___ ___ ___.

01 다음 대화를 읽고, 밑줄 친 부분을 바르게 배열하시오.

(1)
A Look at those dark clouds.
B Yes. (be, may, rainy, it) soon.

→ _____ soon.

(2)
A Hey, do you know Dan?
B No, (never, I, met, have, him, before).

→ No, _____ .

02 다음 질문에 대한 여러분의 답을 Yes 또는 No를 포함하여 총 3단어로 쓰시오.

Q Have you ever tried to write an English diary?

A _____

03 다음 대화를 읽고, A에게 충고하는 말을 〈조건〉에 맞게 영작하시오.

A I can't find my wallet.
B Really? Look carefully around you.
A Oh, I've found it. It is under my desk.
B _____

┌─ 조건 ─────────────────
• 다음 괄호 안에 주어진 말을 모두 사용할 것
  (your wallet, put, in the locker, had)
• 필요 시 단어를 변형하여 8단어의 완전한
  문장으로 쓸 것
└──────────────────────

→ _____

_____

04 우리말과 일치하도록 괄호 안에 주어진 말을 활용하여 문장을 완성하시오.

(1)
내가 집에 왔을 때 그녀는 그녀의 숙제를 하고 있지 않았다. (homework)

→ _____

_____ when I came home.

(2)
그는 자동차를 빌릴 필요가 없다. (rent a car)

→ _____

(3)
사람들이 어제 무대 위로 꽃들을 던졌다. (flowers, throw, onto the stage)

→ _____

yesterday.

05 다음 대화를 읽고, 괄호 안에 주어진 말을 활용하여 밑줄 친 우리말을 영작하시오.

A Wow. (1) Tony가 뮤지컬 '라이온 킹'에 출연할 거래. (go, perform)
B (2) 넌 그의 연기를 본 적이 있니? (see)
A No, I haven't. (3) 하지만 그는 좋은 배우임이 틀림없어. (a good actor) (4) 그는 지난달에 연기상을 받았어. (win an award)

(1) _____

in the musical *Lion King*.

(2) _____ his acting?

(3) But _____ .

(4) _____ for acting

last month.

06 다음 두 문장을 〈보기〉와 같이 한 문장으로 바꿔 쓰시오.

> 보기
> He started living in Busan two years ago.
> He still lives in Busan.
> → He has lived in Busan for two years.

(1) I made this chair six months ago.
I still use it.
→ I _____ _____ this chair
_____ six months.

(2) Sumi started taking online classes in 2017. She still takes them.
→ Sumi _____ _____ _____
_____ _____ 2017.

07 다음 대화를 읽고, 빈칸에 알맞은 말을 〈보기〉에서 골라 활용하여 쓰시오. (한 번씩만 사용하고, 필요 시 단어를 추가할 것)

> 보기
> wear   wait for   practice soccer

(1)
A What are you doing, Gavin?
B I _____ _____ _____ a delivery. My new table will arrive soon.

(2)
A The air has been bad.
B You're right. We _____ _____ masks when we are outside.

(3)
A Is your sister good at soccer?
B Yes, she is. She _____ _____ on weekends.

08 다음 글을 읽고, 질문에 알맞은 대답을 쓰시오.

> Sarah likes doing ballet. She began doing ballet 10 years ago. Now she does it at an art school.

Q How long has Sarah done ballet?

A She _____.

09 다음 Olivia의 계획표를 보고, have to를 활용하여 문장을 완성하시오.

<Olivia's Plan>

Yesterday	meet club members
Today	post pictures on her blog
Tomorrow	draw cartoons

(1) Olivia _____ yesterday.

(2) She _____ today.

(3) She will _____ tomorrow.

10 다음 글을 읽고, 어법상 틀린 문장 2개를 찾아 다시 쓰시오.

> There is a famous restaurant in town. I have been to the restaurant in 2015. The food was bad. You had not better going there. You should find another restaurant.

(1) _____

(2) _____

1 능동태와 수동태

◑ 능동태는 주어가 행위를 직접 할 때, 수동태는 주어가 행위의 영향을 받거나 당할 때 쓴다.

I **love** my dog. 능동태

나는 나의 개를 사랑한다.

주어가 사랑을 하는 행위자

My dog **is loved** by me. 수동태

나의 개는 나에 의해 사랑을 받는다.

주어가 사랑을 받는 대상

◑ 수동태의 형태: 〈be동사+과거분사(v-ed)+by+행위자〉

주어   동사   목적어
She   cleans   this room.

그녀가 이 방을 청소한다.

This room   is cleaned   by her.

이 방은 그녀에 의해 청소된다.

주어   be v-ed   by+행위자

cf. 행위자가 막연한 일반인이거나 중요하지 않을 때, 이미 누군지 알거나 불분명할 때 생략 가능하다.
목적어 뒤에 전치사구가 있는 능동태를 수동태로 바꿀 때, 전치사구는 동사구 뒤에 그대로 쓴다.
People sold clothes **at the flea market**.
→ Clothes *were sold* **at the flea market** (**by people**).

2 수동태의 시제

◑ 수동태의 시제는 be동사의 형태를 바꿔 표현한다.

This song   is sung   by a K-pop band. 현재시제

이 노래는 케이팝 밴드에 의해 불려진다.

am/are/is v-ed

The book   was written   by my favorite author. 과거시제

그 책은 내가 좋아하는 작가에 의해
쓰여졌다.

was/were v-ed

Meals   will be served   by the flight attendants. 미래시제

식사는 승무원들에 의해 제공될 것이다.

will be v-ed

Trash   is being collected   by the students. 진행형

쓰레기는 학생들에 의해 모이고 있다.

be동사+being v-ed

1 능동태를 수동태로 바꿀 때, 능동태 문장의 시제, 수동태 주어의 인칭·수에 따라 **be동사**의 형태를 결정한다.
Nancy **made** pancakes. → Pancakes **were made** by Nancy.

2 수동태 문장에서 **by** 뒤에는 목적격을 써야 한다.
They called my name. → My name was called **by they** (→ **them**).

 문장으로 CHECK UP

>> Answer p.06

A
단어
배열하기

1 좋은 자두들이 내 고향에서 재배된다. (grown, are, my hometown, good plums, in)

2 그 엔진은 그에 의해 수리되고 있었다. (him, being, repaired, the engine, by, was)

3 내 자동차가 도둑에 의해 도난당했다. (my car, a thief, by, was, stolen)

4 그 이야기는 텔레비전 드라마로 만들어졌다. (a TV drama, made, the story, into, was)

5 그 책상은 나의 아버지에 의해 고쳐질 것이다. (the desk, by, be, my father, fixed, will)

6 우리의 시험지들이 우리의 선생님에 의해 검토되고 있다.
(are, our teacher, by, checked, our tests, being)

B
빈칸
채우기

1 저녁 식사가 유명한 요리사에 의해 요리될 것이다. (cook)

Dinner _____ a famous chef.

2 내 교복이 나의 엄마에 의해 세탁되고 있다. (wash)

My uniform _____ by my mom.

3 이 그림들은 1907년에 Picasso에 의해 그려졌다. (paint)

These paintings _____ Picasso in 1907.

4 상자들이 종이에 싸여지고 있었다. (wrap in paper)

Boxes _____ .

5 많은 비디오들이 유튜브에 업로드된다. (upload, videos)

_____ on YouTube.

1 수동태의 부정문과 의문문

| This picture | was | | taken | by Ian. | 이 사진은 Ian에 의해서 찍혔다. |

| This picture | was | not | taken | by Ian. | 이 사진은 Ian에 의해 찍히지 않았다. |

| Was | this picture | | taken | by Ian? | 이 사진은 Ian에 의해 찍혔니? |

| When | was | this picture | | taken | by Ian? | 이 사진은 언제 Ian에 의해 찍혔니? |

2 주의해야 할 수동태

◗ 조동사가 있는 수동태: 〈조동사+be v-ed〉

The library can be used by anyone.   그 도서관은 누구나에 의해 사용될 수 있다.
　　　　　　 be동사의 원형을 씀에 주의

◗ 동사구의 수동태: 동사구는 하나의 동사처럼 취급하여 수동태 문장을 만든다.

The baby is taken care of by his aunt.   그 아기는 그의 이모에 의해 보살펴진다.

■ 여러 가지 동사구

turn on ~을 켜다	turn off ~을 끄다	laugh at ~을 비웃다
look after ~을 돌보다	take care of ~을 보살피다	put off ~을 미루다, 연기하다
look up to ~을 존경하다	look down on ~을 얕잡아 보다	run over (차가) ~을 치다

◗ by 이외의 전치사를 쓰는 수동태: by 이외의 전치사로 행위자를 나타내는 경우가 있다.

Judy was satisfied with her grades.   Judy는 그녀의 성적에 만족했다.

be worried **about**	~을 걱정하다	be interested **in**	~에 관심이 있다
be filled **with**	~로 가득 차다	be known **for**	~로 유명하다
be satisfied **with**	~에 만족하다	be known **to**	~에게 알려지다
be covered **with[in]**	~로 덮여 있다	be made **of**	~로 만들어지다 (원형 그대로)
be pleased **with**	~에 기뻐하다	be made **from**	~로 만들어지다 (원형 변형)
be disappointed **with[at]**	~에 실망하다	be surprised **at**	~에 놀라다

동사구의 수동태 문장을 만들 때, 동사구의 전치사와 혼동하여 **by**를 빠뜨리지 않도록 유의한다.
Ms. Ward ~~is looked up to~~ (→ is looked up to by) young girls.

>> Answer p.06

A
단어
배열하기

1 그 영화는 언제 촬영되었니? (filmed, the movie, when, was)

2 그 회의는 그 선생님에 의해 연기되었다. (the teacher, put off, was, the meeting, by)

3 그 행사는 10월에 열릴까? (be, in, will, held, October, the ceremony)

4 이 꽃들은 그에 의해 구매되지 않았다. (by, not, him, bought, were, these flowers)

5 이 도넛들은 크림으로 가득 차 있다. (are, with, these doughnuts, cream, filled)

6 많은 문제들이 우리에 의해 해결될지도 모른다. (may, us, by, many problems, fixed, be)

B
빈칸
채우기

1 스페인어는 멕시코에서 말해지니? (Spanish, speak)

                                           in Mexico?

2 그 파스타는 그 웨이터에 의해 제공되지 않았다. (serve)

The pasta   the waiter.

3 그녀는 그녀의 학교 프로젝트에 대해 걱정이 된다. (worry)

                                     her school project.

4 그 광대는 관객들에 의해 놀림받았다. (laugh at)

The clown   the audience.

5 휴대 전화들은 수업 중에 꺼져 있어야 한다. (turn off, must)

Cell phones   in class.

C

문장 완성하기

1 그 선수는 많은 아이들에 의해 존경받는다. (look up to)

The player _____ many children.

2 당신의 자동차는 여기에 주차될 수 있다. (can, park)

_____ here.

3 사자들은 유럽에서 발견되지 않는다. (find, Europe)

_____

4 나는 야생 동물들에 관심이 있다. (wild animal, interest)

_____

5 꿀은 벌들에 의해 만들어지나요? (honey, bee, make)

_____

D

틀린 부분 고쳐 쓰기

1 그 나무들은 너에 의해 심어졌니?

Did the trees planted by you?

→ _____

2 Olivia는 우리의 여름 계획들을 마음에 들어 한다.

Olivia is pleased in our summer plans.

→ _____

3 그 의사는 사람들에 의해 환영받지 못했다.

The doctor was welcomed not by people.

→ _____

4 모든 사람은 동등하게 대우받아야 한다.

Every person should treat equally.

→ _____

5 음악이 Jackson에 의해 틀어졌다.

Music was turned on Jackson.

→ _____

빈출
유형 **우리말에 맞게 문장 완성하기**

예제 우리말과 일치하도록 괄호 안에 주어진 말을 활용하
여 문장을 완성하시오.

(1) 그 언덕들은 꽃들❶로 덮여 있다. (cover)•

→ ❷The hills _____

flowers.

(2) 그 차는 Angela❸에 의해 준비되지 않았다.

(prepare)

→ ❹The tea _____

Angela.

TIP 우리말 또는 문맥을 보고 수동태의 형태와 시제를 결정하자!

★ 서술형 문제 풀이 과정

❶ '~로 덮여 있다': ⟨be동사+covered with[in]⟩

❷ 주어가 복수이고 우리말 어미가 현재시제이므로
be동사는 are

❸ '~에 의해 …되지 않다'는 수동태의 부정문
: ⟨be동사+not v-ed by ~⟩

❹ 주어가 3인칭 단수이고 우리말 어미가 과거시제
이므로 be동사는 was

---

1 우리말과 일치하도록 괄호 안에 주어진 말을 활용하
여 빈칸에 알맞은 말을 쓰시오.

(1) 아이스크림은 냉장고에 보관되어야 한다.

(keep, must)

→ _____ _____ _____

_____ _____ in the fridge.

(2) 이 반지는 은으로 만들어진다. (ring, silver)

→ _____ _____ _____

_____ _____ _____ .

2 우리말과 일치하도록 괄호 안에 주어진 말을 활용하
여 문장을 완성하시오.

(1) 그의 재능은 언젠가 세상에 알려질 것이다.

(talent, will, know)

→ _____

the world someday.

(2) 그 고양이들은 그들에 의해 돌봐진다.

(look after)

→ _____

3 다음 대화를 읽고, 질문에 알맞은 대답을 ⟨조건⟩에
맞게 쓰시오.

A Did you go to the party yesterday?

B No. 나는 그 파티에 초대되지 않았어.

조건
• invite를 활용하여 과거시제 수동태로 쓸 것
• 6단어의 완전한 문장으로 쓸 것

→ _____

4 다음 대화를 읽고, 밑줄 친 우리말과 일치하도록 괄
호 안에 주어진 말을 활용하여 문장을 완성하시오.

A I'm going to go to Jeonju tomorrow.

B Wow, that's great. What will you do
there?

A 전주는 전통 한식으로 유명해. (know) So I
plan to eat delicious food and visit the
Hanok Village.

B I hope you have a great time!

→ Jeonju _____ traditional
Korean food.

01 다음 각 문장을 수동태 문장으로 바꿔 쓰시오.

(1) I packed my suitcase.

→ _____

(2) The gardener is watering the plants.

→ _____

(3) Will you create the program?

→ _____

02 〈조건〉에 맞게 빈칸에 알맞은 말을 쓰시오.

┌ 조건 ┐
- 〈보기〉에 주어진 단어를 한 번씩만 사용할 것
- 현재시제로 쓸 것

┌ 보기 ┐
write   make   surround

(1) The house _____ _____ by trees.

(2) These carpets _____ _____ by local people.

(3) The essay _____ _____ in English.

03 다음 문장을 〈조건〉에 맞게 바꿔 쓰시오.

┌ 조건 ┐
- the prince를 주어로 할 것
- 10단어의 완전한 수동태 문장으로 쓸 것

The witch turned the prince into a frog.

→ _____

_____

04 우리말과 일치하도록 괄호 안에 주어진 말을 활용하여 문장을 완성하시오.

(1) Melissa는 그녀의 새 직업에 만족한다. (satisfy)

→ Melissa _____ her new job.

(2) 그 약속들은 지켜져야 한다. (keep)

→ The promises should _____.

(3) 저 자동차는 Evans 씨에 의해 소유된 게 아니다. (own)

→ That car _____ by Mr. Evans.

(4) 농부들은 그 여왕에 의해 무시당한다. (look down on)

→ Farmers _____ the queen.

05 우리말과 일치하도록 주어진 문장을 바꿔 쓰시오.

(1) 이 에너지는 바람에 의해 생산된다.
This energy produced wind.

→ _____

(2) 나의 숙제는 곧 끝내질 수 있다.
My homework can is finished soon.

→ _____

(3) 그 건물이 그 남자에 의해 닫혔니?
Did the building closed by the man?

→ _____

06 빈칸에 알맞은 말을 〈보기〉에서 골라 쓰시오.

> 보기
>
> in   for   about

(1) Jeju is well known _____ its beautiful nature.

(2) The tourists are worried _____ the weather.

(3) He is interested _____ classical music.

07 다음 대화를 읽고, 문맥에 맞게 빈칸에 알맞은 말을 쓰시오.

(1)
> **A** Who invented this machine?
> **B** It _____ _____ _____ my father.

(2)
> **A** Where will the meeting be held?
> **B** It _____ _____ _____ at NE Hotel.

08 다음 각 문장이 수동태이면 능동태, 능동태이면 수동태로 바꿔 쓰시오.

(1) These shoes are made by a Chinese company.

→ _____

_____

(2) A truck ran over the fox.

→ _____

09 다음 그림을 보고, 그림을 묘사하는 문장을 〈조건〉에 맞게 쓰시오.

> 조건
> • 각 문장에 동사 throw를 활용할 것
> • 각 문장에 the boy, the ball을 포함할 것
> • 과거시제로 쓸 것

(1) 행위자 중심 문장

→ _____

(2) 대상 중심 문장

→ _____

10 다음 대화를 읽고, 밑줄 친 문장을 〈조건〉에 맞게 바꿔 쓰시오.

> **A** Wow, this palace is beautiful! (1) What do you call this palace?
> **B** It is called "Gyeongbokgung." Kings and queens lived here in the past.
> **A** Oh, I see. How old is Gyeongbokgung?
> **B** (2) People built it in 1395.

> 조건
> • 밑줄 친 (1)과 (2)를 수동태 문장으로 바꿔 쓸 것
> • 중요하지 않거나 불분명한 행위자는 생략할 것
> • (1)과 (2) 각각 5단어의 완전한 문장으로 쓸 것

(1) _____

(2) _____

시험일   월   일

점수   /   문항

01 다음 문장과 의미가 통하도록 문장을 바꿔 쓸 때, 빈칸에 알맞은 말을 쓰시오.

(1)
> Brad gave his friend waffles.

→ Brad gave _____ _____

_____ _____.

(2)
> Mia bought me a baseball glove.

→ Mia bought _____ _____

_____ _____ _____.

02 다음 대화를 읽고, 문맥에 맞게 빈칸에 알맞은 말을 쓰시오.

> **A** Who created Spider-Man?
> **B** Spider-Man _____ _____
> _____ Stan Lee.

03 다음 각 문장을 수동태 문장으로 바꿔 쓰시오.

(1) My neighbor owns this dog.

→ _____

(2) He will fix my computer.

→ _____

(3) They were preparing food.

→ _____

(4) Our boss put off the interview.

→ _____

04 주어진 두 문장을 〈조건〉에 맞게 한 문장으로 바꿔 쓰시오.

┌─ 조건 ┐
• 주어진 문장과 의미가 통하도록 쓸 것
• 주어진 문장에 쓰인 표현을 활용하여 현재완료로 쓸 것
└─────────────────────────┘

(1) Sebastian arrived in Seattle last Monday. He is still in Seattle.
→ Sebastian _____ _____

_____ _____

last Monday.

(2) I started to study Spanish three years ago. I'm still studying it.
→ _____ _____ _____

_____ _____ three years.

(3) The child lost her favorite toy. She doesn't have it now.
→ The child _____ _____

_____ _____.

(4) We started an election several hours ago. We finished it just now.
→ _____ _____ _____

_____ an election.

05 주어진 말을 바르게 배열하여 문장을 완성한 후, 괄호 안에 각 문장의 형식을 쓰시오.

(1) furniture, makes, for a living (   )
→ Jennifer _____.

(2) happy, your smile, makes, me (   )
→ _____

(3) my dad, a toy train, me, made (   )
→ _____

06 다음 우리말을 〈조건〉에 맞게 영작하시오.

(1)
이곳에는 시계탑이 있었다.

┌ 조건 ┐
• here, there, a clock tower를 사용할 것
• 과거에는 시계탑이 있었으나 지금은 없다는 의미가 되도록 할 것
• 8단어의 완전한 문장으로 쓸 것

→ _____

(2)
우리는 네가 올 거라고 기대하지 않았다.

┌ 조건 ┐
• come, expect를 활용할 것
• 6단어의 완전한 문장으로 쓸 것

→ _____

07 우리말과 일치하도록 괄호 안에 주어진 말을 활용하여 문장을 완성하시오.

(1) Alison은 토요일 아침마다 산책하러 간다.
(go for a walk, every)
→ Alison _____
_____.

(2) 직사광선 아래에서 나는 내 눈들을 뜨고 있을 수 없다. (open, keep, can)
→ Under the direct sunlight, I _____
_____

(3) 그는 그의 학생들이 몇몇 한자를 외우도록 시켰다. (have, memorize)
→ _____
some Chinese characters.

(4) 그는 숲 속에서 새들이 노래하는 것을 들었다.
(sing, hear)
→ _____
in the forest.

08 다음 문장을 능동태 문장으로 바꿔 쓰시오.

(1) The fruit is being picked by the farmer.
→ _____

(2) Jackson will be hired by the company.
→ _____

09 다음 대화를 읽고, 괄호 안에 주어진 말을 활용하여 밑줄 친 우리말을 영작하시오.

A Look! These children are playing hide-and-seek.
B It looks fun.
A (1) 넌 한 번이라도 숨바꼭질을 해본 적이 있니? (play hide-and-seek, ever / 5단어)
B (2) 아니, 없어. (3단어)

(1) _____

(2) _____

10 빈칸에 알맞은 말을 〈보기〉에서 골라 쓰시오. (한 번씩만 사용할 것)

┌ 보기 ┐
in   with   about

(1) I'm interested _____ becoming a webcomic artist.

(2) My older sister is worried _____ her future.

(3) Books are filled _____ good stories.

11 우리말과 일치하도록 괄호 안에 주어진 말을 활용하여 영작하시오.

(1) 그녀는 그 남자에게 가라고 말했다. (go away, tell)

→ _____

(2) 그는 군인임이 틀림없다. (a soldier)

→ _____

(3) Bill은 전에 예술 학교를 다닌 적이 없다.
(never, before, art school, attend)

→ _____

_____

(4) 너는 너의 전공을 선택해야 할 것이다.
(choose, will, major)

→ _____

_____

12 괄호 안에 주어진 말을 바르게 배열하시오.

(1) (by, be, can, downloaded, anybody)
→ This song _____

_____.

(2) (on a test, saw, cheat, the boy)
→ Steven _____

_____.

(3) (each other, solve, helped, the puzzles)
→ They _____

_____.

(4) (follow, had, his advice, better)
→ You _____

_____.

13 다음 표의 A, B, C에서 단어를 한 번씩만 골라 활용하여 쓰시오. (현재시제로 쓸 것)

	A	B	C
(1)	My bed	taste	comfortable
(2)	His pasta	look	delicious
(3)	The photos	feel	mysterious

(1) My bed _____.

(2) His pasta _____.

(3) The photos _____.

14 다음 글을 읽고, 질문에 알맞은 대답을 쓰시오. (6단어)

Hello, my name is Tina. I am 22 years old. I work part-time at a restaurant. I started working there one year ago. I like my job.

Q How long has Tina worked?
A _____

15 우리말과 일치하도록 〈보기〉에서 알맞은 말을 골라 활용하여 쓰시오.

보기
bring   sound   look   may
have to   must   nice   strange

(1) 그 규칙은 이상하게 들릴지도 모른다.
→ The rule _____

_____.

(2) 너는 너의 점심을 가져올 필요가 없다.
→ You _____ _____

_____ _____ your lunch.

>> Answer p.07

16 우리말과 일치하도록 괄호 안에 주어진 말을 활용하여 빈칸에 알맞은 말을 쓰시오.

(1) 내 형제들은 스위스에서 자랐다.
   → My brothers _____ _____ in Switzerland. (raise)

(2) 수박들이 그 여자에 의해 팔리고 있는 중이다.
   → Watermelons _____ _____ _____ by the woman. (sell)

17 다음 문장을 〈조건〉에 맞게 바꿔 쓰시오.

┌─ 조건 ┐
• Food를 주어로 할 것
• 9단어의 완전한 수동태 문장으로 쓸 것
└─────┘

The company sends food to homeless people.

→ _____
_____

18 다음 대화를 읽고, Dan의 선생님은 Dan이 무엇을 하기를 원하는지 쓰시오.

Teacher Dan, you haven't handed in your homework yet.
Dan I'm sorry. I'll hand it in today.

→ Dan's teacher wants _____
_____ _____
_____ _____.

19 다음 대화를 읽고, 엄마가 Josh에게 해줄 수 있는 충고를 〈조건〉에 맞게 영작하시오.

Josh Mom, I feel sick. I think I have a cold.
Mom Oh, your voice is hoarse. I think you're running a fever, too.
Josh Yes. And my throat hurts.
Mom _____ today. Let's go to the doctor's office.

┌─ 조건 ┐
• 아래 주어진 단어를 모두 사용할 것
  (better, go to school, you)
• 필요 시 문맥에 맞게 단어를 추가할 것
└─────┘

→ _____
today.

20 어법상 틀린 곳을 찾아 바르게 고쳐 쓰시오. (없으면 '없음'이라고 쓸 것)

(1) The watch was stolen by she.
(2) We have waited for you since Friday.
(3) The singer sounded terrible on the show.
(4) Ms. Drew let the children to play in her yard.
(5) Christine treats me well and call me a genius.

(1) _____ → _____

(2) _____ → _____

(3) _____ → _____

(4) _____ → _____

(5) _____ → _____

01

02

>>> START

FINISH

10

09

08

03

04

05

CHAPTER
04

to부정사

06

07

to부정사의 명사적 용법

1 주어 역할

● to부정사(구)가 주어 역할을 할 때, 보통 가주어 It을 사용하고 to부정사(구)는 문장 뒤로 보낸다.

To say kind things is important.　　　　　　　　　사려 깊은 것들을 말하는 것은 중요하다.
　　　　주어　　　　　　to부정사(구) 주어는 3인칭 단수 취급

→ **It** is important **to say kind things.**
　가주어　　　　　　　　　진주어

● to부정사의 실제 행위자를 나타내고 싶을 때, 의미상 주어를 쓴다. 의미상 주어는 to부정사 앞에 〈for/of+목적격〉으로 나타낸다.

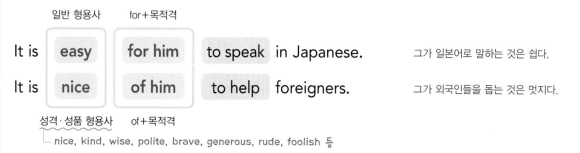

　　　　　일반 형용사　　　for+목적격

It is **easy** **for him** **to speak** in Japanese.　　그가 일본어로 말하는 것은 쉽다.

It is **nice** **of him** **to help** foreigners.　　그가 외국인들을 돕는 것은 멋지다.

　성격·성품 형용사　　of+목적격
　└ nice, kind, wise, polite, brave, generous, rude, foolish 등

2 보어 역할

● to부정사는 '~하는 것(이다)'라는 의미로, 문장에서 보어의 역할을 할 수 있다.

My goal is **to write a fantasy novel.**　　　　　　내 목표는 판타지 소설을 쓰는 것이다.
　　　　　　　　보어

3 목적어 역할

● to부정사는 '~하는 것을'의 의미로 동사 뒤에 쓰여 목적어 역할을 할 수 있다. want, hope, need, plan, choose, decide, learn, promise, expect 등의 동사는 목적어로 to부정사를 쓴다.

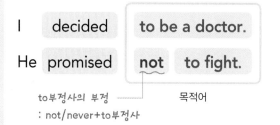

I **decided** **to be a doctor.**　　　　　　　　　나는 의사가 되기로 결심했다.

He **promised** **not** **to fight.**　　　　　　　　그는 싸우지 않기로 약속했다.

　to부정사의 부정 ─────┘　　목적어
　: not/never+to부정사

출제
포인트

가주어와 의미상 주어가 있는 **to부정사** 구문은 〈**It+be동사+형용사+for[of]+목적격+to부정사**〉로 표현한다.
그녀가 그 공을 잡기는 어려웠다. → **It was hard for her to catch** the ball.

A

**단어
배열하기**

1 영국 억양을 듣는 것은 흥미롭다. (hear, is, interesting, a British accent, it, to)

2 우리는 오후 8시쯤에 도착할 것으로 예상한다. (around, we, arrive, 8 p.m., to, expect)

3 그가 탈옥하는 것은 불가능하다. (escape, for, it, impossible, to, from prison, is, him)

4 나는 한 달에 열 권의 책을 읽기로 계획했다. (a month, read, planned, I, ten books, to)

5 그들의 목표는 춤 경연 대회에서 우승하는 것이다. (is, the dance contest, to, their goal, win)

6 네가 그런 식으로 대답한 것은 무례했다. (rude, was, that way, it, to, you, answer, of)

B

**빈칸
채우기**

1 나의 딸은 일찍 오겠다고 약속했다. (come, daughter)

    early.

2 나의 역할은 그 호텔을 관리하는 것이다. (role, manage)

    the hotel.

3 축구 경기를 보는 것은 신난다. (watch, exciting)

    a soccer game.

4 Paul은 그 회의에 참석하지 않기로 결정했다. (decide, attend)

Paul   the meeting.

5 그녀가 돈을 저축한 것은 현명했다. (save, wise)

It was   money.

C

문장
완성하기

1 그의 꿈은 아프리카에 학교들을 짓는 것이다. (in Africa, build)

His dream   .

2 윤아는 서울을 떠나지 않는 것을 선택했다. (choose, leave)

Yoona   Seoul.

3 네가 사람들 앞에서 이야기한 것은 용감했다. (brave, talk)

in front of people.

4 나는 나의 선물로 Eric을 놀라게 해주고 싶었다. (surprise, want)

with my present.

5 그들이 비타민 D를 얻는 것은 필수적이다. (get, necessary, vitamin D)

D

틀린 부분
고쳐 쓰기

1 다른 사람들을 설득하는 것은 쉽지 않다.

To persuade others are not easy.

→

2 그는 미래에 그녀를 만나지 않기를 희망한다.

He hopes don't meet her in the future.

→

3 William이 돈을 기부하는 것은 너그럽다.

It is generous for William to donate money.

→

4 우리가 한 팀으로 일한 것은 지루했다.

That was boring for we to work as a team.

→

5 사람들은 더 건강한 음식을 먹을 필요가 있다.

People need eating healthier food.

→

빈출 유형 **배열 영작하기**

예제 우리말과 일치하도록 괄호 안에 주어진 말을 바르게 배열하시오.

① 우리 팀이 이 경기를 이기는 것은 가능하다.
② (our team, is, this game, win, for, possible, to)

→ **①**It _____ .

★ 서술형 문제 풀이 과정

① 우리말과 가주어 It으로 보아 〈It+be동사+형용사 +for[of]+목적격+to부정사〉의 어순

② 가주어·진주어의 문장 구조에 맞게 단어 배열하기

(TIP) 명사적 용법의 to부정사는 주어·보어·목적어 자리에 쓰고, 가주어가 있을 때는 to부정사를 문장 뒤에 쓰자!

[01~03] 우리말과 일치하도록 괄호 안에 주어진 말을 바르게 배열하시오.

1
그 사건에서 증거를 수집하기는 어려웠다.
(to, difficult, evidence, collect, was, it)

→ _____

in the case.

2
그들은 은행 계좌를 개설하는 것을 배우는 중이다.
(open, are, to, they, a bank account, learning)

→ _____

_____

3
그녀의 바람은 프로 골프 선수가 되는 것이다.
(a, her, be, hope, golf player, to, is, professional)

→ _____

_____

4 다음 대화를 읽고, 괄호 안에 주어진 말을 바르게 배열하시오.

A Did you finish your science report?
B Yes. I finished it with Jim's help.
A Really? It was (kind, help, of, your homework, him, to, you, with).

→ It was _____

_____ .

5 다음 글을 읽고, 밑줄 친 우리말과 일치하도록 괄호 안에 주어진 말을 바르게 배열하시오.

We had our school festival today. There were many fun programs. We played a shooting game and won free drink coupons. 우리가 함께 시간을 보낸 것은 즐거웠다. (time, pleasant, together, it, for, was, spend, to, us)

→ _____

_____

02 to부정사의 형용사적·부사적 용법

1 형용사 역할

● '~할, ~하는'이라는 뜻으로 명사나 대명사를 꾸밀 때, 〈(대)명사+to부정사〉 순서로 쓴다.

There is a Christmas tree to decorate.

장식할 크리스마스트리가 있다.

● to부정사가 수식하는 (대)명사가 전치사의 목적어인 경우 〈(대)명사+to부정사+전치사〉로 쓴다.

The baby has a toy to play with.

play with a toy

그 아기는 가지고 놀 장난감이 있다.

cf. -one/-body/-thing 등의 대명사를 형용사와 to부정사가 꾸며주면 〈대명사+형용사+to부정사〉로 쓴다.
Do you want **something cold to drink**?

2 부사 역할

● 목적: '~하기 위해서'

Jason did yoga to calm down.

= in order to = so as to

Jason은 마음을 가라앉히기 위해 요가를 했다.

● 감정의 원인: '…해서 ~함을 느끼다'

I'm happy to be here.

감정 형용사

저는 이곳에 있게 되어 행복합니다.

● 결과: '~해서 (결국) …하다'

She lived to see her first grandchild.

동사(grow up/live/wake up 등)

그녀는 살아서 (결국) 그녀의 첫 손주를 보았다.

● 판단의 근거: '~하다니', '~하는 것으로 보아'

He must be sick to cough often.

추측을 나타내는 조동사와 함께
자주 쓰임

자주 기침하다니 그는 아픈 것이 틀림없다.

 to부정사가 수식하는 명사가 전치사의 목적어인 경우 to부정사 뒤에 전치사를 빠뜨리지 않도록 유의한다.
Melissa needs **a chair to sit on**. (← sit on a chair)

A

단어
배열하기

1 그들을 믿다니 그녀는 어리석은 게 틀림없다. (must, them, she, be, trust, foolish, to)

2 연결할 와이파이가 없다. (connect, to, no Wi-Fi, is, to, there)

3 우리는 그녀에게 작별 인사를 하게 되어 슬펐다. (to, were, say goodbye, we, to, sad, her)

4 나는 볼 재미있는 무언가가 필요하다. (to, I, interesting, watch, something, need)

5 나의 부모님께서 나에게 읽을 책들을 조금 보내주셨다.
(to, books, my parents, read, me, sent, some)

B

빈칸
채우기

1 미주는 영어를 배우기 위해 어학원에 간다. (learn)

Miju goes to a language school   .

2 너는 쓸 약간의 돈이 있니? (some, spend)

Do you have   ?

3 그녀는 그녀의 아버지를 보고 놀랐다. (see, surprised)

She   her father.

4 우리는 생각해야 할 많은 문제들이 있다. (think about, problem)

We have   .

5 Serena는 자라서 건축가가 되었다. (become, grow up)

Serena   an architect.

6 그 이론을 이해하다니 그는 똑똑한 것이 틀림없다. (smart, understand)

He   the theory.

C

**문장
완성하기**

1 그는 깨어나서 눈이 오고 있는 것을 알게 되었다. (find, wake up)

it was snowing.

2 나는 벽에 걸 지도를 하나 샀다. (hang, buy, map)

on the wall.

3 저는 그 사고에 대해 듣게 되어 유감입니다. (sorry, hear)

about the accident.

4 그녀는 함께 이야기할 많은 친구들을 만났다. (many, talk with)

5 나는 사진들을 찍기 위해 그 공원에 간다. (the park, go, take pictures)

D

**틀린 부분
고쳐 쓰기**

1 그는 가지고 쓸 펜이 없다.

He doesn't have with a pen to write.

→

2 우리는 그룹 과제를 논의하기 위해 모였다.

We gathered discuss the group project.

→

3 그들에게 따뜻한 마실 것을 주세요.

Give them hot something to drink, please.

→

4 그들은 그 결과에 대해 듣게 되어 속이 상했다.

They were upset to heard about the result.

→

5 나는 아침 식사를 할 충분한 시간이 필요하다.

I need enough time for eat breakfast.

→

빈출 유형 **우리말에 맞게 영작하기**

예제 ❶우리말과 일치하도록 괄호 안에 주어진 말을 사용하여 빈칸에 알맞은 말을 쓰시오.

(1) 나는 ❷너의 사촌을 돕게 되어 기쁘다. ❸(cousin)

→ I'm glad _____ _____

_____ _____.

(2) 그는 ❷건강을 유지하기 위해 운동한다. ❸(keep, fit)

→ He exercises _____ _____

_____.

★ 서술형 문제 풀이 과정

❶ 빈칸에 해당하는 우리말 확인하기

❷ '~해서 기쁘다': 감정의 원인을 나타내는 to부정사
'~하기 위해': 목적을 나타내는 to부정사

❸ 괄호 안의 단어를 활용하여 영작하기

(TIP) 부사적 용법의 to부정사는 목적, 감정의 원인, 결과, 판단의 근거 등 여러 의미로 쓰이므로, 우리말 문맥을 보고 to부정사 활용 여부를 판단하자!

---

1 다음 우리말을 〈조건〉에 맞게 영작하시오.

┌─ 조건 ─────────────────────┐
• 괄호 안에 주어진 말을 활용할 것
• 각각 6단어를 추가하여 문장을 완성할 것
└────────────────────────────┘

(1) Simon은 자라서 배우가 되었다. (grow up)

→ Simon _____

_____.

(2) 그녀는 그 밴드에 가입하기 위해 기타를 한 대 샀다. (the band, join)

→ She bought a guitar _____

_____.

(3) 너와 결혼하다니 그는 운이 좋은 게 틀림없다. (lucky, marry)

→ He _____

_____.

2 괄호 안에 주어진 말을 활용하여 우리말을 영작하시오. (to부정사를 사용할 것)

(1) 규칙적인 생활을 하는 것으로 보아 그녀는 성실한 게 틀림없다.
(keep regular hours, diligent)

→ She must _____

_____.

(2) 우리는 저녁으로 먹을 것이 아무것도 없다.
(have, eat, anything)

→ _____

for dinner.

(3) 그녀는 그 치마를 살 돈이 필요하다.
(buy, need, with)

→ _____

_____.

(4) 나의 할아버지께서는 90세까지 사셨다.
(live, old, be)

→ _____

_____.

to부정사 활용 표현

1 의문사＋to부정사

● '누가[누구를]/무엇을/언제/어디서/어떻게 ～할지'는 〈who(m)/what/when/where/how＋to부정사〉로 표현한다. 주어·보어·목적어 역할을 하며, 보통 〈의문사＋주어＋should＋동사원형〉으로 풀어 쓸 수 있다.

My question is where to find the right person. 보어   나의 질문은 그 적임자를 어디서 찾느냐이다.

The baby bird doesn't know how to fly. 목적어   그 아기 새는 어떻게 나는지를 모른다.
= how it should fly

2 too ~ to부정사/enough to부정사/seem to부정사

● '…하기에 너무 ～한/하게'라는 부정의 의미는 〈too ~ to-v〉로 표현할 수 있다.
┌─ 문장의 주어와 to부정사의 행위자가 다를 때 씀
The coffee was too hot for me to drink.   그 커피는 내가 마시기에 너무 뜨거웠다.
     too＋형용사/부사   의미상 주어   to부정사

→ The coffee was so hot that I couldn't drink it.   그 커피가 너무 뜨거워서 나는 그것을 마실 수 없었다.
    so＋형용사/부사＋that＋주어＋can't[couldn't]＋동사원형
       to부정사의 의미상 주어가 있을 때는,
       그것이 that절의 주어로 쓰임

● '…할 만큼 충분히 ～한/하게'라는 긍정의 의미는 〈enough to-v〉로 표현할 수 있다.

This game is fun enough for us to play all day.   이 게임은 우리가 하루 종일 할 만큼 충분히 재미있다.
     형용사/부사＋enough   의미상 주어   to부정사

→ This game is so fun that we can play it all day.   이 게임은 너무 재미있어서 우리는 그것을 하루 종일 할 수 있다.
    so＋형용사/부사＋that＋주어＋can[could]＋동사원형

● '～인 것 같다, ～해 보인다'를 표현할 때는 〈seem to-v〉를 쓸 수 있다.

Many students seem to skip breakfast.   많은 학생들이 아침 식사를 거르는 것 같다.
   주어   seem(s)   to부정사

→ It seems that many students skip breakfast.
  It   seems   that＋주어＋동사

출제
포인트
to부정사 활용 표현 중 〈too ~ to-v〉와 〈enough to-v〉는 형용사나 부사를 수식하여 정도를 나타내는 부사적 용법의 to부정사이기도 하다. 자주 출제되는 구문이니 어순과 의미를 기억해두자.
This house is **big enough for them to live in**.

문장으로 **CHECK UP**

>> Answer p.09

Ⓐ
단어
배열하기

1 나는 어디에 앉을지 결정할 수 없다. (can't, to, where, I, decide, sit)

2 이 셔츠는 입기에 너무 꽉 맞는다. (tight, this shirt, too, is, wear, to)

3 Kaitlyn은 차를 운전할 만큼 충분히 나이가 들었다. (a car, is, old, to, Kaitlyn, drive, enough)

4 그는 그 질문의 답을 아는 것 같다. (the question, know, he, to, the answer, to, seems)

5 그는 내가 따라잡기에 너무 빠르게 달린다. (too, for me, he, fast, to, runs, catch up)

6 그녀는 나에게 언제 뛰기 시작할지 말해주지 않았다. (when, didn't, me, she, tell, start, to, running)

Ⓑ
빈칸
채우기

1 나는 무엇을 믿을지 알지 못했다. (believe)

I didn't   .

2 오늘 날씨가 좋아 보인다. (nice)

The weather   today.

3 그녀의 머리카락은 그녀의 목을 가릴 만큼 충분히 길다. (cover, long)

Her hair   her neck.

4 William은 가장 좋은 가격을 어떻게 찾을지 물어봤다. (ask, find)

William   the best prices.

5 그 물은 뛰어들기에 너무 차가웠다. (dive into)

The water was   .

UNIT 03 to부정사 활용 표현   65

C

문장
완성하기

1 진이는 단어들을 기억할 만큼 충분히 느리게 읽는다. (slowly, remember)

Jin reads   the words.

2 컴퓨터들을 어디에서 살지 추천해 주시겠어요? (buy)

Can you recommend   ?

3 이것은 어린 아이들이 먹기에 너무 맵다. (spicy, eat, young children)

This is   .

4 Margaret은 일본 음식을 좋아하는 것 같다. (like, seem, Japanese food)

5 누구를 뽑을지가 가장 큰 쟁점이다. (big, vote for, issue)

D

틀린 부분
고쳐 쓰기

1 John은 바쁜 것 같다.

John seems be busy.

→

2 아빠는 깨어 있기에 너무 피곤하셨다.

Dad was so tired to stay awake.

→

3 Mason은 선반 맨 위 칸에 닿을 만큼 충분히 키가 크다.

Mason is enough tall to reach the top shelf.

→

4 그 안내문은 언제 신청할지 말해주지 않았다.

The notice didn't say when sign up.

→

5 이 영화는 내가 이해할 만큼 충분히 단순하다.

This film is simple for me enough to understand.

→

빈출 유형 · 문장 바꿔 쓰기

예제 다음 문장과 의미가 통하도록 to부정사를 사용하여 문장을 바꿔 쓰시오.

❶It seems that Jenny needs a babysitter.

→ _____

TIP 문장을 바꿔 쓸 때 동사의 시제는 주어진 문장의 시제와 동일하게 쓴다!

★ 서술형 문제 풀이 과정

❶ 〈It seems that ~〉: '~인 것 같다'

❷ 주어진 문장과 의미가 통하는 to부정사 구문은 〈that절의 주어+seem(s)+to부정사〉

---

1 다음 문장과 의미가 통하도록 to부정사를 사용하여 문장을 바꿔 쓰시오.

(1) It seems that Mr. Olsen has a fever.

→ _____

_____

(2) My brother taught me how I should ride a bike.

→ _____

_____

(3) My mother was so surprised that she couldn't speak.

→ _____

_____

(4) She is so smart that she can solve the problem in her head.

→ _____

_____

2 다음 문장과 의미가 통하도록 〈so ~ that〉 구문을 사용하여 문장을 바꿔 쓰시오.

He was funny enough to make everyone laugh.

→ _____

_____

3 다음 문장을 〈조건〉에 맞게 바꿔 쓰시오.

┌ 조건 ┐
• 문장의 의미가 서로 통할 것
• 의미상 주어와 to부정사를 사용할 것

(1) The number was so easy that she could memorize it.

→ The number was _____ enough

_____ _____

_____ .

(2) The field is so slippery that they can't run.

→ The field is too _____ _____

_____ _____ _____ .

01 우리말과 일치하도록 괄호 안에 주어진 말을 바르게 배열하시오.

(1) 그녀는 무엇을 먹을지 고르지 않았다.
(didn't, to, what, she, choose, eat)
→ _____
_____

(2) 나는 이 아령을 들 만큼 충분히 힘이 세다.
(lift, strong, I'm, dumbbells, to, these, enough)
→ _____
_____

02 〈보기〉와 같이 다음 두 문장을 to부정사를 사용하여 한 문장으로 바꿔 쓰시오.

┌─ 보기 ─────────────────────────┐
There are many places. I should visit them.
→ There are many places to visit.
└───────────────────────────────┘

I have some more work. I should do it.
→ _____

03 다음 우리말을 〈조건〉에 맞게 영작하시오.

그는 롤러코스터를 타는 것이 무섭다.

┌─ 조건 ─────────────────────────┐
• 가주어와 의미상 주어를 사용할 것
• scary, ride a roller coaster를 사용할 것
• 10단어의 완전한 문장으로 쓸 것
└───────────────────────────────┘

→ _____
_____

04 우리말과 일치하도록 A, B에서 단어를 하나씩 골라 활용하여 쓰시오.

A	B
what	play
when	trust
whom	write

(1) 나는 누구를 믿을지 모르겠다.
→ I don't know _____.

(2) 그 음악을 언제 틀지 나에게 말해줘.
→ Tell me _____ the music.

(3) 너는 현수막에 무엇을 쓸지 물어봐야 한다.
→ You should ask _____
on the placard.

05 다음 문장과 의미가 통하도록 문장을 바꿔 쓰시오.

(1)
It seems that the woman drives a big truck.

→ The woman _____
_____.

(2)
I am too tired to get out of bed.

→ I am _____
_____.

(3)
The problem is where to invest my money.

→ The problem is _____
_____.

06 어법상 틀린 곳을 찾아 바르게 고쳐 쓰시오.

(1) She wants to buy a house to live.

_____ → _____

(2) It was polite for you to ask permission.

_____ → _____

07 다음 대화를 읽고, 밑줄 친 우리말을 괄호 안에 주어진 말을 사용하여 영작하시오.

> **A** You have a lot of boxes. Do you need help?
> **B** Oh, thank you so much. Could you carry this box for me?
> **A** No problem.
> **B** 이 상자를 운반해주다니 당신은 매우 친절하네요. (kind)

→ It's very _____ _____

_____ _____ _____

_____ _____.

08 다음 Amanda의 준비물 목록과 일치하도록, 〈보기〉에서 알맞은 말을 하나씩 골라 활용하여 쓰시오.

〈가져갈 물건〉
• 쓸 모자 하나
• 사진들을 찍을 카메라 하나
• 앉을 휴대용 의자 하나

| 보기 |
| sit   wear   take |

Amanda will bring a hat _____ _____,
a camera _____ _____

_____, and a portable chair _____

_____ _____.

[09~10] 다음 대화를 읽고, 물음에 답하시오.

> **Noah** Sophie, why did you leave early yesterday?
> **Sophie** Oh, I went to see a doctor.
> **Noah** What happened? Are you okay?
> **Sophie** I hurt my ankle during PE class, but I'm fine now.
> **Noah** 나는 그것을 듣게 되어서 마음이 놓여.
> (that, relieved, hear)

09 다음 질문에 알맞은 대답을 to부정사를 사용하여 쓰시오.

Q Why did Sophie leave early?

A Sophie left early _____

_____ _____ _____.

10 밑줄 친 우리말을 괄호 안에 주어진 말을 사용하여 영작하시오.

→ I _____ _____ _____

_____ _____.

11 우리말과 일치하도록 괄호 안에 주어진 말을 사용하여 빈칸에 알맞은 말을 쓰시오.

(1) 몇 시간 동안 울다니 그녀는 슬픈 게 틀림없다. (cry, sad)

→ She _____ _____ _____

_____ _____ for hours.

(2) 이 책은 어떻게 좋은 리더가 되는지에 대해서 이야기한다. (good, be, leader)

→ This book talks about _____

_____ _____ _____

_____ _____.

1 동명사의 역할

● 동명사는 〈동사원형+-ing〉 형태로, '~하는 것'이라는 의미이다. 명사처럼 주어·보어·목적어 역할을 한다.

Making friends is exciting. 주어   친구를 사귀는 것은 신이 난다.
동명사(구) 주어는 3인칭 단수 취급

My favorite activity is **hiking**. 보어   내가 제일 좋아하는 활동은 하이킹하는 것이다.

I'm sorry for **not** **being helpful.** 전치사의 목적어   내가 도움이 되지 못해 미안하다.
동명사의 부정: not/never+동명사

2 동명사 관용 표현

I **look forward to visiting** your country.   나는 너의 나라를 방문하기를 기대한다.
to부정사가 아닌 전치사 to!

go v-ing ~하러 가다	feel like v-ing ~하고 싶다
be worth v-ing ~할 가치가 있다	be busy v-ing ~하느라 바쁘다
be good at v-ing ~하는 것을 잘하다	cannot help v-ing ~하지 않을 수 없다
spend+시간/돈+v-ing ~하는 데 시간/돈을 쓰다	look forward to v-ing ~하기를 기대하다

3 동명사 vs. to부정사

● 동명사를 목적어로 쓰는 동사: enjoy, keep, consider, finish, avoid, mind, practice, stop 등
stop to-v: '~하기 위해 멈추다'

I **enjoy** **drinking tea** in the afternoon.   나는 오후에 차 마시는 것을 즐긴다.

● to부정사를 목적어로 쓰는 동사: want, hope, wish, need, expect, plan, decide 등

● 동명사와 to부정사를 모두 목적어로 쓰는 동사
　┌ 의미 차이 없음: like, love, hate, begin, start 등
　└ 의미 차이 있음: remember, forget, try 등

remember/forget	**+v-ing**	~했던 것을 기억하다/~했던 것을 잊다 (과거)
	+to-v	~할 것을 기억하다/~할 것을 잊다 (미래)
try	**+v-ing**	~을 시험 삼아 해보다
	+to-v	~하려고 노력하다

출제 포인트

동사의 목적어로 동명사를 쓰는지 to부정사를 쓰는지 구분해서 기억한다.
Anna는 케이크를 만들었던 것을 잊었다.   → Anna **forgot** ~~make~~ (→ **making**) a cake.
Anna는 케이크를 만들어야 할 것을 잊었다. → Anna **forgot** ~~make~~ (→ **to make**) a cake.

A
단어
배열하기

1 Victor의 취미는 곤충들을 모으는 것이다. (is, hobby, insects, collecting, Victor's)

2 그녀는 초콜릿 케이크 먹는 것을 멈췄다. (eating, she, chocolate cake, stopped)

3 Madison은 그 시험에 떨어질 것을 걱정한다. (worried about, Madison, the test, is, failing)

4 시간을 잘 지키는 것은 좋은 태도를 보여준다. (punctual, a good attitude, being, shows)

5 너는 공을 슛하는 것을 연습해야 한다. (shooting, should, the ball, you, practice)

6 나는 그녀의 제안을 지지하지 않을 수 없다. (her suggestion, cannot, supporting, I, help)

B
빈칸
채우기

1 Thomas는 일주일에 세 번 낚시하러 간다. (fish)

   Thomas   three times a week.

2 산책하는 것은 당신이 생각하도록 돕는다. (go for a walk)

                                             you think.

3 너는 너의 자전거를 팔지 않을 생각이니? (sell, bike)

   Are you thinking of   ?

4 Hans는 앉을 자리를 찾으려고 애썼다. (find)

   Hans   a place to sit.

5 나는 내 에세이를 쓰느라 바쁘다. (write, busy)

                                             my essay.

C

**문장
완성하기**

1 한 가지 건강한 습관은 일찍 일어나는 것이다. (wake up)

One healthy habit is _____ .

2 한 시간 더 계속 공부하자. (study, keep, let)

_____ for another hour.

3 Elsa는 그 뉴스를 읽었던 것을 기억했다. (remember, the news)

4 우리는 당신을 만나기를 기대합니다. (meet, forward to)

5 Brian은 밖에서 노는 것을 좋아한다. (love, outside)

D

**틀린 부분
고쳐 쓰기**

1 너는 문을 닫을 것을 잊지 말아야 한다.

You shouldn't forget close the door.

→

2 그는 메달을 달고 있는 것이 자랑스러웠다.

He was proud of wear a medal.

→

3 우리는 저녁에 외식하기로 결정했다.

We decided go out for dinner.

→

4 설거지하는 것은 나의 오빠의 일이다.

Washing the dishes are my brother's job.

→

5 그 미술관은 방문할 가치가 없다.

The art museum is not worth visit.

→

서술형으로 STEP UP

빈출유형 주어진 단어로 영작하기

예제 우리말과 일치하도록 괄호 안에 주어진 말을 활용하여 문장을 완성하시오. (5단어)

❶그녀는 어려운 수학 문제 푸는 것을 잘한다.
(❶good, ❷solve)

→ _____

difficult math problems.

TIP 전치사의 목적어 자리에는 to부정사를 쓸 수 없다!

★ 서술형 문제 풀이 과정

❶ 빈칸에 해당하는 우리말 확인 후, 주어진 단어를 통해 영어 표현 유추하기
'~하는 것을 잘하다': 〈be good at v-ing〉

❷ solve는 전치사 at의 목적어로 쓰이므로 동명사로 바꾸기

❸ 5단어로 썼는지 확인

---

1 우리말과 일치하도록 〈보기〉에서 단어를 두 개씩 골라 활용하여 쓰시오.

┌─ 보기 ─────────────────────┐
call   make   remember
avoid   fight with   be afraid of
└───────────────────────────┘

(1) 너는 나에게 전화할 것을 기억해야 한다.
→ You should _____
me.

(2) 내 친구는 발표하기를 두려워한다.
→ My friend _____
a presentation.

(3) 그녀는 그녀의 여동생과 싸우는 것을 피하기 위해 규칙들을 만들었다.
→ She made rules to _____
_____ her sister.

2 다음 대화를 읽고, 괄호 안에 주어진 말을 활용하여 밑줄 친 우리말을 영작하시오.

A What's this smell?
B It's the durian. This fruit smells bad, but it tastes very good. Do you want to try?
A No, thank you. 나는 그것을 시도하고 싶지 않아. (feel like, try)

→ _____

3 다음 글을 읽고, 괄호 안에 주어진 말을 활용하여 문맥에 맞는 마지막 문장을 쓰시오.

I went to my friend's house to have a sleepover party. Next day, when I came home, my room was really cold. (the air conditioner, forget, turn off)

→ _____

1 분사의 형태

● 분사에는 〈동사원형+-ing〉 형태의 현재분사와 〈동사원형+-ed〉 형태의 과거분사가 있다.

현재분사		과거분사	
능동('~하는')	a **boring** movie	수동('~되는', '~당하는')	a **fried** chicken
진행('~하고 있는')	a **laughing** girl	완료('~된')	**fallen** leaves

2 분사의 역할

● 명사 수식: 분사가 단독으로 수식할 때는 명사 앞에, 수식어(구)가 붙어 길어지면 명사 뒤에 쓴다.

He opened a locked door. 그는 잠긴 문을 열었다.

They ate burgers served with fries. 그들은 감자튀김과 함께 제공된 버거를 먹었다.

● 보어: 주어나 목적어를 서술하는 주격보어나 목적격보어로 쓸 수 있다.

You look very bored. 주격보어 너는 매우 지루해 보인다.

He saw the boy riding a bike. 목적격보어 그는 그 소년이 자전거를 타고 있는 것을 보았다.

3 감정을 나타내는 분사

● 분사가 수식·서술하는 명사가 감정을 일으킬 때는 현재분사를, 감정을 느끼게 될 때는 과거분사를 쓴다.

Owen received satisfying test results. Owen은 만족스러운 시험 결과를 받았다.

Owen was satisfied with the test results. Owen은 시험 결과에 만족했다.

boring 지루하게 하는	bored 지루해하는	exciting 신나게 하는	excited 신이 난
shocking 충격적인	shocked 충격을 받은	surprising 놀라게 하는	surprised 놀란
interesting 흥미를 주는	interested 흥미를 느낀	disappointing 실망시키는	disappointed 실망한
satisfying 만족감을 주는	satisfied 만족한	confusing 혼란을 주는	confused 혼란스러워하는

출제 포인트 수식·서술하는 명사와 능동 관계이면 현재분사, 수동 관계이면 과거분사를 쓴다.
I saw **him parking** his car. ('그'가 자동차를 주차하는 것)
I saw his **parked car**. ('자동차'는 주차된 것)

A

단어
배열하기

1 저 미소 짓는 여자는 나의 이모다. (woman, my aunt, smiling, is, that)

2 그는 중국에서 만들어진 재킷을 입고 있다. (is, in China, a jacket, made, he, wearing)

3 그 최종회는 실망스러웠다. (last, disappointing, the, was, episode)

4 나는 그 토스트가 타고 있는 냄새를 맡았다. (the toast, smelled, burning, I)

5 경찰이 그 도난당한 자동차를 찾았다. (stolen, the police, car, found, the)

B

빈칸
채우기

1 그 페인트칠된 벽들은 밝고 화사해 보인다. (wall, paint)

　　　　　　　　　　　　　　　　　look bright and cheerful.

2 우리는 그의 이야기에 충격을 받았다. (shock)

　　　　　　　　　　　　　　　　by his story.

3 너는 저 탁자에 앉아 있는 그 사람들을 아니? (sit)

Do you know 　　　　　　　　　　　　　at that table?

4 그 바구니는 말린 장미들로 가득 차 있었다. (dry, fill, with)

The basket was 　　　　　　　　　　　　.

5 나는 지난주에 흥미로운 책 한 권을 읽었다. (interest, week)

I read 　　　　　　　　　　　　.

6 잠자리채를 들고 있는 저 소녀는 신나 보인다. (look, hold, excite)

That 　　　　　　　　a butterfly net 　　　　　　.

C

**문장
완성하기**

1 그 자고 있는 고양이를 만지지 마! (sleep)

Don't touch   !

2 관객들은 그 지루한 영상을 무시했다. (bore, ignore, video)

The audience   .

3 나는 그녀를 30분 동안 계속 기다리게 했다. (wait, keep)

                           for 30 minutes.

4 나는 Bob이라고 이름 붙여진 한 친구가 있다. (name, have)

5 그 놀란 여자는 앉아야 했다. (surprise, sit down, have to)

D

**틀린 부분
고쳐 쓰기**

1 그 남자는 그 울고 있는 아기를 들어 올렸다.

The man picked up the baby crying.

→

2 그녀는 영어로 쓰인 편지를 받았다.

She received a letter write in English.

→

3 우리는 잘게 썬 양파를 냄비 안에 추가했다.

We added chopping onions into the pot.

→

4 깨진 거울은 불운으로 여겨진다.

A breaked mirror is considered bad luck.

→

5 나는 개 몇 마리가 잔디 위에 누워 있는 것을 보았다.

I saw some dogs lieing on the grass.

→

서술형으로 STEP UP

빈출 유형 | 빈칸 영작하기

예제 우리말과 일치하도록 괄호 안에 주어진 말을 알맞은 형태로 바꿔 쓰시오.

도서관에서 공부하는 그 학생들은 매우 조용하다.
❶The students _____ in the
library are very quiet. **❷**(study)

TIP 수식 · 서술하는 명사와의 관계를 보고, 현재분사를 쓸지 과거분사를 쓸지를 결정하자!

★ 서술형 문제 풀이 과정

❶ 우리말과 비교했을 때, '~ in the library'가 명사구 The students를 뒤에서 수식

❷ 학생들이 '공부하는' 능동 · 진행의 의미이므로 현재분사로 쓰기

---

1 자연스러운 대화가 되도록 괄호 안에 주어진 말을 알맞은 형태로 바꿔 쓰시오.

> **A** Do you know the girl _____ in the mirror? (look)
> **B** Yes, that is my friend Lisa. She must be _____ with her new hairstyle. (satisfy)

2 자연스러운 문장이 되도록 〈보기〉에서 단어를 골라 알맞은 형태로 바꿔 쓰시오. (한 번씩만 사용할 것)

> ┌ 보기 ┐
> cover   throw   surprise

> · The man _____ a Frisbee is my uncle Joe.
> · Everyone kept talking about the _____ news.
> · We found the house _____ in snow.

3 다음 대화를 읽고, 괄호 안에 주어진 말을 활용하여 밑줄 친 우리말을 영작하시오.

> **A** How was the new amusement park?
> **B** (1) 그 놀이공원은 놀라웠어. (amaze) It had a lot of fun rides.
> **A** Really?
> **B** Yes. (2) 하지만 'Mystery'라고 불리는 그 놀이기구는 실망스러웠어. (call, disappoint) (3) 나는 저 놀이기구에서 지루함을 느꼈어. (bore, feel)
> **A** Oh, I see.

(1) The amusement park _____ _____.

(2) But the ride _____ _____ _____ _____.

(3) _____ _____ _____ on that ride.

분사구문

1 분사구문

● 〈접속사＋주어＋동사〉로 이루어진 부사절을 현재분사를 사용하여 부사구로 줄여 쓴 것을 분사구문이라고 한다.

부사절
Because he knew the answer, *he raised* his hand.
① ② ③ ② ③

답을 알았기 때문에, 그는 손을 들었다.

Knowing the answer, he raised his hand.
분사구문 주절

① 부사절의 접속사 생략
② 부사절과 주절의 주어가 같으면, 부사절의 주어 생략
③ 부사절과 주절의 시제가 같으면, 부사절의 동사를 현재분사로 바꾸기

cf. 동사가 진행형일 때 보통 be동사는 생략하고 현재분사만 남긴다.
When he **was listening** to music, he remembered the singer.
→ **(Being) Listening** to music, he remembered the singer.

2 분사구문의 의미

Walking together, they talked about life. 동시동작

함께 걸으면서, 그들은 인생에 대해 말했다.

(← **As they walked together**, they …)

Hanging up the phone, she called my name. 시간

전화를 끊은 후에, 그녀는 내 이름을 불렀다.

(← **After she hung up the phone**, she …)

분사구문의 부정: not/never+분사
Not **arriving on time,** I missed the bus. 이유

제시간에 도착하지 않아서, 나는 그 버스를 놓쳤다.

(← **Because I didn't arrive on time**, I …)

Opening the box, you will get a big surprise. 조건

상자를 열면, 너는 크게 놀랄 것이다.

(← **If you open the box**, you …)

 분사구문으로 바꿀 때, 부사절의 동사를 원형으로 바꾼 후 -ing를 붙여야 한다.
When I woke up, I heard my dog barking. (woke의 원형은 wake, wake＋-ing → waking)
→ ~~Woking~~ (→ **Waking**) up, I heard my dog barking.

A

단어
배열하기

1 상을 타서, 그녀는 우리에게 저녁을 사주었다. (she, dinner, bought, winning, us, the prize)

2 라디오를 들으면서, 나는 나의 일기를 썼다. (my diary, listening to, I, in, wrote, the radio)

3 정크푸드를 절대 먹지 않아서, 나는 매우 건강하다. (very, eating, I'm, never, junk food, healthy)

4 왼쪽으로 돌면, 너는 그 병원을 찾을 것이다. (find, left, will, the hospital, you, turning)

5 배가 고파져서, 우리는 음식을 조금 주문했다. (we, some food, getting, ordered, hungry)

6 유럽을 여행하면서, 그들은 많은 사진들을 찍었다.
(took, Europe, they, many photos, traveling around)

B

빈칸
채우기

1 아파서, 그는 출근하지 않았다. (sick)

                                    , he didn't go to work.

2 저녁 식사를 계산할 때, 그녀는 그녀의 신용카드를 사용했다. (pay for)

                                    , she used her credit card.

3 그 물을 끓인 후, 그는 면을 넣었다. (boil)

                                    , he added noodles.

4 많은 질문들을 하면, 그들은 더 빨리 배울 것이다. (question, ask)

                                    , they will learn faster.

5 깊게 자고 있지 않아서, 나는 누군가 들어오는 소리를 들었다. (sleep, deeply)

                                    , I heard someone come in.

1 도움이 필요해서, 그는 경찰관을 찾았다. (help, need)

, he looked for a police officer.

2 운전하고 싶지 않아서, 그녀는 택시를 탔다. (want, drive)

, she took a taxi.

3 그의 친구들과 스케이트보드를 타다가, 그는 발목을 다쳤다. (ride a skateboard)

, he hurt his ankle.

4 내 손들을 씻은 후에, 나는 로션을 발랐다. (lotion, put on, wash)

5 생선회를 먹을 때, 당신은 조심해야 한다. (raw fish, careful, should)

1 길을 걸으면서, 그 아이는 사과를 먹었다.

Walked on the road, the child ate an apple.

→

2 난로를 가지고 있지 않아서, 나는 감기에 걸렸다.

Having not a heater, I got a cold.

→

3 다른 사람들을 도우면, 너는 너 자신에 대해 더 좋게 느낄 것이다.

You help others, you will feel better about yourself.

→

4 그 영화를 본 뒤에, 그들은 집으로 돌아왔다.

After watch the movie, they came back home.

→

5 추워서, 우리는 뜨거운 차 한 잔을 마셨다.

Felting cold, we drank a cup of hot tea.

→

서술형으로 STEP UP

빈출 유형 문장 바꿔 쓰기

예제 다음 문장을 분사구문을 포함한 문장으로 바꿔 쓰시오.

❶When ❷❸I looked up at the sky, ❷❸I saw a rainbow.

→ _____

_____

★ 서술형 문제 풀이 과정

❶ 부사절의 접속사 When 생략

❷ 주절의 주어(I)와 같은 부사절의 주어 I 생략

❸ 주절과 부사절의 시제가 같으므로 부사절의 동사를 〈동사원형+-ing〉 형태로 바꾸기

(TIP) 부사절의 동사가 진행형일 때나 부사절이 부정문일 때 분사구문으로 전환하는 법도 알아두자!

---

1 다음 각 문장을 분사구문을 포함한 문장으로 바꿔 쓰시오.

(1) While I was waiting for the bus, I met my friend.

→ _____,

I met my friend.

(2) Because he didn't have any money, he couldn't buy clothes.

→ _____,

he couldn't buy clothes.

(3) When she opened the refrigerator, she found sour milk.

→ _____,

she found sour milk.

(4) If you go straight ahead, you'll find the station.

→ _____,

you'll find the station.

2 〈보기〉에서 알맞은 접속사를 골라 다음 각 문장을 부사절을 포함한 문장으로 바꿔 쓰시오. (한 번씩만 사용할 것)

┌ 보기 ─────────────────────
│   if   after   because
└──────────────────────────

(1) Finishing my homework, I turned on the TV.

→ _____,

I turned on the TV.

(2) Taking this bus, you will get to City Hall.

→ _____,

you will get to City Hall.

(3) Not knowing her address, he couldn't send her a gift.

→ _____,

he couldn't send her a gift.

01 괄호 안에 주어진 말을 알맞은 형태로 바꿔 쓰시오. (빈칸에 한 단어로 쓸 것)

(1) They ate some food _____ in my kitchen. (cook)

(2) Benjamin hates _____ up early on Sundays. (get)

(3) Mom threw away the _____ table. (break)

(4) We are looking forward to _____ a house. (buy)

02 다음은 내가 오늘 해야 할 집안일 목록이다. 목록에 나온 표현을 활용하여 내가 한 일과 할 일에 대한 문장을 완성하시오.

To Do List	실행 여부
do the laundry	○
clean my room	×

(1) I finished _____.

(2) I need _____.

03 자연스러운 대화가 되도록 괄호 안에 주어진 말을 바르게 배열하시오.

> **Sora** What is your hobby?
> **Tom** I collect foreign coins and stamps. How about you?
> **Sora** (is, flowers, hobby, growing, my)

→ _____

04 〈보기〉에서 알맞은 접속사를 골라 다음 각 문장을 부사절을 포함한 문장으로 바꿔 쓰시오. (한 번씩만 사용할 것)

| 보기 |
| after   because   if |

(1)
> Not following the signs, I lost my way.

→ _____,

I lost my way.

(2)
> Downloading the train tickets, he started reading travel guidebooks.

→ _____,

he started reading travel guidebooks.

(3)
> Joining the club, you will make lots of friends.

→ _____,

you will make lots of friends.

05 다음 우리말을 〈조건〉에 맞게 영작하시오.

> 도쿄에서 지하철을 타는 것은 혼란스러웠다.

| 조건 |
| • 동명사를 사용할 것 |
| • take the subway, confuse를 활용할 것 |
| • 5단어를 추가하여 문장을 완성할 것 |

→ In Tokyo, _____

_____.

>> Answer p.12

06 우리말과 일치하도록 괄호 안에 주어진 말을 활용하여 문장을 완성하시오.

(1) 그 고객들은 우리의 서비스에 만족한다. (satisfy)

→ The customers _____ with our service.

(2) 나는 시를 쓰는 것에 관심이 있다. (interest, write)

→ _____ poems.

(3) 너는 어제 그를 봤던 것을 기억하니? (see, remember)

→ Do you _____ him yesterday?

07 우리말과 일치하도록 〈보기〉에서 단어를 골라 활용하여 쓰시오.

┌─ 보기 ─────────────────────┐
│　　put　　leave　　bring　　lose　│
└────────────────────────────┘

(1) 양말 한 켤레를 가져오는 것을 잊지 마.

→ Don't forget _____ a pair of socks.

(2) 나는 나의 커피에 더 많은 설탕을 넣고 싶다.

→ I feel like _____ more sugar in my coffee.

(3) 나는 회사를 떠나지 않는 것에 대해 생각하고 있다.

→ I'm thinking about _____ the company.

(4) 그들은 그들의 잃어버린 개를 찾고 있다.

→ They are looking for their _____ dog.

08 다음 대화를 읽고, 어법상 틀린 곳을 찾아 바르게 고쳐 쓰시오.

┌────────────────────────────┐
│ **A** Who is the boy helping the old lady? │
│ **B** That's my cousin calling Scott.   │
└────────────────────────────┘

_____ → _____

09 다음 각 문장을 분사구문을 포함한 문장으로 바꿔 쓰시오.

(1) If you eat a snack, you will have more energy.

→ _____

_____

(2) Because they didn't want to be lazy, they went to the gym.

→ _____

_____

10 다음 글을 읽고, 괄호 안에 주어진 말을 문맥에 맞게 바꿔 쓰시오.

┌────────────────────────────┐
│ (1) _____ (walk) into the forest, I │
│ heard birds (2) _____ (sing). But   │
│ they suddenly stopped (3) _____   │
│ (sing). I felt (4) _____ (scare). I │
│ wanted (5) _____ (get out).   │
└────────────────────────────┘

FINISH

10

09

08

03

04

05

CHAPTER
06

대명사, 형용사, 부사

06

07

부정대명사

1   one, another, the other(s), others

◑ one은 앞서 언급된 것과 같은 종류의 불특정한 사물이나 사람을 나타낼 때 쓴다.

I don't have a camera. I have to buy one.   나는 카메라가 없다. 나는 하나를 사야 한다.
복수일 경우는 ones

cf. 앞서 언급된 특정한 사물을 가리킬 때는 it을 쓴다.
    Josh bought **a new bike**. Did you see **it**? (it = a new bike)

◑ 정해진 범위 내에서 대상을 하나씩 가리킬 때는 one, another, the other를 쓴다.

Luis has two roommates.   Luis는 두 명의 룸메이트가 있다. 한 명은
 One is Canadian, and the other is Japanese.   캐나다인이고, 다른 한 명은 일본인이다.

I have three cats.   One is white,   나는 세 마리의 고양이가 있다. 한 마리는 흰색이고,
 another is grey, and the other is black.   다른 한 마리는 회색이고, 나머지 한 마리는 검은색
이다.

◑ 여럿을 묶어서 가리킬 때는 some, others, the others를 쓴다.

 Some like him, but others don't (like him).   어떤 사람들은 그를 좋아하지만, 다른 사람들은
                                                     그렇지 않다.

The child is playing with toys.   그 아이는 장난감을 가지고 놀고 있다. 몇 개는
 Some are toy cars, and the others are robots. 장난감 자동차이고, 나머지 모두는 로봇이다.

2   some, any

◑ 막연한 수량('몇몇')을 나타내는 some과 any는 대명사로도 쓰이고, 명사를 수식하는 형용사로도 쓰인다.
    some은 주로 긍정문·권유문에, any는 주로 부정문·의문문에 쓴다.

I don't have any questions.   나는 어떤 질문도 없다.

cf. some과 any에 -one/-body/-thing을 붙이면 대명사가 되며, 단수 취급한다.

someone[somebody]: 어떤 사람, 누군가 / something: 어떤 것, 무언가	주로 긍정문에 씀
anyone[anybody]: 아무도; 누군가 / anything: 아무것도; 무언가	주로 부정문·의문문에 씀

 *긍정문에서 anyone[anybody]는 '누구나'의 의미로, anything은 '무엇이든지'의 의미로 쓸 수 있다.

'나머지 모두'를 지칭할 때는 **the**를 꼭 붙인다.
나는 네 대의 자동차가 있다. 한 대는 흰색이고, 나머지 모두는 검은색이다.
→ I have four cars. **One** is white, and ~~others~~ (→ **the others**) are black.

>> Answer p.13

A

단어
배열하기

1 너는 이 학교에 친구들이 좀 있니? (friends, have, in this school, do, any, you)

2 내 안경이 깨졌다. 나는 새것을 사야 한다. (I, my glasses, have to, were broken, ones, buy, new)

3 몇몇의 반지는 은이고, 다른 몇몇은 금이다. (are, some, and, others, are, rings, silver, gold)

4 나는 네 편의 영화를 봤다. 하나는 무서웠고, 나머지 모두는 웃겼다.
(was, scary, the others, funny, and, one, were)

I watched four movies.

5 나는 세 개의 가방이 있다. 하나는 빨간색이고, 다른 하나는 검은색이고, 나머지 하나는 노란색이다.
(red, yellow, is, black, is, another, the other, and, one, is)

I have three bags.

B

빈칸
채우기

1 뜨거운 코코아를 좀 드시겠어요? (cocoa)

Would you like   ?

2 누구나 이 문제를 풀 수 있다. (solve, any)

                                    this problem.

3 내 모자가 어디 있지? 나는 그것을 찾을 수가 없어. (find)

Where is my hat?   .

4 (둘 중) 한 명은 나의 오빠이고, 다른 한 명은 나의 삼촌이다. (other)

                    my brother, and   is my uncle.

5 몇몇은 한국 출신이고, 다른 몇몇은 중국 출신이다. (be)

                    from Korea, and   from China.

1 each, every, both, all 등

◗ 대부분의 부정대명사는 같은 의미의 형용사로도 쓸 수 있다.

Each **class** *lasts* for 50 minutes.
뒤에 오는 명사와 동사의 형태에 주의!

각각의 수업은 50분 동안 지속된다.

Both of **her parents** *are* scientists.

그녀의 부모님 두 분 다 과학자이시다.

■ **부정대명사와 수 일치**

all (of) most (of) some (of)	모든, (~의) 모두 대부분의, (~의) 대부분 몇몇의, (~ 중) 몇몇	＋ 복수명사 ＋ 셀 수 없는 명사	→ 복수 취급 → 단수 취급
many (of) both (of)	많은, (~ 중) 많은 수 둘 다의, (~의) 둘 다	＋ 복수명사	→ 복수 취급
every 형용사로만 each 쓰임	모든 각각의	＋ 단수명사	→ 단수 취급
each of one of	~의 각각 ~ 중 하나	＋ 복수명사	→ 단수 취급

2 재귀대명사

◗ 재귀대명사는 '~ 자신'이라는 의미로, 주어가 주어 자신에게 행위를 할 때 목적어 자리에 쓴다.

I *hurt* **myself.** 동사의 목적어

나는 다쳤다.

Jack is proud *of* **himself.** 전치사의 목적어

Jack은 자기 자신을 자랑스러워한다.

주어

■ **〈동사＋재귀대명사〉 표현**

enjoy oneself 즐거운 시간을 보내다	dress oneself 옷을 입다
seat oneself 앉다	talk to oneself 혼잣말하다
cut oneself 베이다	teach oneself 독학하다

cf. 재귀대명사 관용 표현

I walked to school **by myself.** (by oneself: 혼자서)
You should decide **for yourself.** (for oneself: 스스로)

 주어와 목적어가 같은 대상을 가리킬 때는 재귀대명사를 쓴다.
I looked at **me** (→ **myself**) in the mirror.

A 단어 배열하기

1 모든 가구가 먼지로 덮여 있었다. (was, dust, all, covered with, the furniture)

2 나는 혼잣말을 하곤 했다. (to, used, myself, to, talk, I)

3 계란들 중 몇 개가 금이 가 있었다. (the eggs, cracked, of, were, some)

4 그 남자는 무거운 상자를 혼자서 옮겼다. (the heavy box, the man, by, carried, himself)

5 대부분의 북극곰들은 북극 근처에 산다. (live, polar bears, near, the North Pole, most)

B 빈칸 채우기

1 그 책들 중 한 권은 나의 것이다. (mine)

    the books   .

2 나는 내 직장의 모든 사람을 안다. (person, every)

I   in my workplace.

3 Aurora는 옷을 입고 시간을 확인했다. (dress)

       and checked the time.

4 그 정답들의 각각은 5점의 가치가 있다. (be, answer)

     the   worth 5 points.

5 Peter는 그 콘서트에서 즐거운 시간을 보냈다. (enjoy)

       at the concert.

6 우리 둘 다 한국고등학교에 다닌다. (go)

       Korea High School.

C
문장 완성하기

1 그 우유 중 일부는 치즈를 만드는 데 사용된다. (use, the milk)

                                                                          to make cheese.

2 박쥐들은 낮 동안 자신을 숨긴다. (hide, bat)

                                                                          during the day.

3 모든 승객이 안전벨트를 매고 있다. (passenger, wear)

Every   a seatbelt.

4 그들 중 많은 수는 유치원부터 친구이다. (many)

                                                                          friends from kindergarten.

5 그 선생님은 각각의 학생을 칭찬했다. (praise)

D
틀린 부분 고쳐 쓰기

1 양팀 모두 이길 준비가 되어 있다.

Both team is ready to win.

→

2 너는 너 자신이 부끄럽니?

Are you ashamed of you?

→

3 내 일의 대부분은 끝났다.

Many of my work are finished.

→

4 York 씨는 소파에 앉았다.

Mr. York seated him on the couch.

→

5 그 아이들 모두는 이름표를 가지고 있다.

All of the child has name tags.

→

서술형으로 **STEP UP**

빈출 유형 **조건에 맞게 영작하기**

예제 다음 대화를 읽고, 밑줄 친 우리말을 〈조건〉에 맞게 영작하시오.

A Why do you have a bandage on your hand?
B 나는 어제❶베었어.
A How did that happen?
B My hand slipped when I was cooking.

┌ 조건 ┐
• ❷재귀대명사를 포함할 것
• ❸4단어의 완전한 문장으로 쓸 것

→ _____

★ 서술형 문제 풀이 과정
❶ '베이다'와 관련된 대표 단어는 cut
❷ 재귀대명사가 있는 '베이다'라는 표현은 cut oneself
❸ 단어의 수가 맞는지 확인하기

TIP 조건이 여러 개일 때, 문장이 모든 조건에 부합하는지 마지막에 한 번 더 확인하자!

---

1 다음 우리말을 〈조건〉에 맞게 영작하시오.

(1) 각각의 표는 입구에서 확인된다.

┌ 조건 ┐
• ticket, check, at the entrance를 활용할 것
• 7단어의 완전한 문장으로 쓸 것

→ _____
_____

(2) 그 집의 모든 방이 깨끗하다.

┌ 조건 ┐
• every, clean, of the house를 포함할 것
• 7단어의 완전한 문장으로 쓸 것

→ _____
_____

2 다음 글을 읽고, 밑줄 친 우리말을 〈조건〉에 맞게 영작하시오.

Thomas is my older brother. (1) 그의 취미 중 하나는 모형 비행기들을 만드는 것이다. (make, hobby) He is very good at making them. (2) 그 모형 비행기들의 대부분은 잘 난다. (fly well) How amazing!

┌ 조건 ┐
• 모두 부정대명사와 model airplanes를 포함할 것
• 괄호 안에 주어진 말을 활용하여 (1)은 8단어, (2)는 7단어의 완전한 문장으로 쓸 것

(1) _____
_____

(2) _____
_____

1 형용사의 쓰임

● 대부분의 형용사는 (대)명사를 앞에서 수식한다.

Vancouver is a beautiful city.

밴쿠버는 아름다운 도시이다.

● -one/-body/-thing으로 끝나는 대명사는 형용사가 뒤에서 수식한다.

I did something nice for my mom.

나는 나의 엄마를 위해 좋은 일을 했다.

● 주어나 목적어를 서술하는 주격보어나 목적격보어로도 쓸 수 있다.

The subway is crowded. 주격보어

그 지하철은 붐빈다.

Jessy found the work boring. 목적격보어

Jessy는 그 일이 지겹다는 것을 알게 되었다.

2 수량형용사

Few banks open on Saturday.

토요일에 여는 은행은 거의 없다.

수량형용사 뒤에 오는 명사와 동사의 형태에 주의!

	많은	조금 있는	거의 없는	뒤에 오는 명사의 형태	
	many	a few	few	+ 셀 수 있는 명사의 복수형	→ 복수 취급
	much	a little	little	+ 셀 수 없는 명사	→ 단수 취급
a lot of, lots of				+ 셀 수 있는 명사의 복수형	→ 복수 취급
				+ 셀 수 없는 명사	→ 단수 취급

3 부사의 쓰임

● 부사는 형용사, 동사, 다른 부사, 문장 전체를 수식하며, 위치가 비교적 자유롭다.

Julie is a very kind neighbor.

Julie는 매우 친절한 이웃이다.

● 빈도부사는 주로 be동사와 조동사 뒤, 일반동사 앞에 쓴다.

Joseph never fights with his friends.

Joseph은 그의 친구들과 절대 싸우지 않는다.

출제
포인트

대부분의 부사는 〈형용사+-ly〉의 형태이나, 예외적인 경우가 있으니 알아두도록 한다.

〈-ly〉 형태의 형용사	lovely 휑 사랑스러운	lively 휑 활기찬
형용사와 부사의 형태가 같은 경우	late 휑 늦은; 휑 늦게	hard 휑 열심인; 휑 열심히
-ly가 붙어서 의미가 달라지는 부사	lately 휑 최근에	hardly 휑 거의 ~않다

A
단어
배열하기

1 나는 몇 개의 양파를 샀다. (bought, I, onions, a few)

2 우리는 쓸 돈이 거의 없다. (little, we, spend, have, to, money)

3 나는 나의 숙제를 매우 잘 했다. (my homework, I, well, did, very)

4 Isabelle은 저 분홍 원피스를 거의 입지 않는다. (hardly, dress, Isabelle, that, wears, pink)

5 나는 빵 위에 약간의 치즈를 얹었다. (the bread, put, I, cheese, a little, on)

6 그는 그 마을에서 친절한 사람을 알지 못했다. (in the town, didn't, he, anyone, know, nice)

B
빈칸
채우기

1 나는 절대로 무례하게 행동하지 않을 것이다. (behave, rude, never)

I   .

2 우리는 약간의 버터와 많은 밀가루가 필요하다. (flour)

We need   butter and   .

3 그는 보통 아침에 산책하러 간다. (go for a walk)

He   in the morning.

4 그 소녀는 항상 생기가 있다. (live)

The girl   .

5 그 시험에는 많은 어려운 질문들이 있다. (difficult)

The test has   .

C

**문장
완성하기**

1 내 친구들은 항상 나에게 진솔하다. (honest)

                                                   with me.

2 내 그릇 안에 쌀이 많이 없다. (bowl)

There isn't   .

3 Brian은 종종 따뜻한 우유를 마신다. (warm, drink, often)

Brian   .

4 나의 새 담요는 매우 부드럽다. (soft, blanket, very)

5 그 회사는 직원들을 몇 명 가지고 있다. (company, employee, few)

D

**틀린 부분
고쳐 쓰기**

1 Gavin은 그의 옷장에 많은 넥타이들을 가지고 있다.

Gavin has much necktie in his closet.

→

2 그는 그 상금으로 재미있는 일을 했다.

He did fun something with the prize money.

→

3 그 산에 호랑이는 거의 살지 않는다.

A few tiger lives in the mountains.

→

4 Jamie는 Danny에 대해 완전히 옳았다.

Jamie was complete right about Danny.

→

5 이 식당은 좀처럼 수프가 맛있지 않다.

This restaurant has rarely good soup.

→

서술형으로 STEP UP

틀린 곳 찾아 고쳐 쓰기

예제 ❶ 어법상 틀린 문장을 찾아 번호와 함께 다시 쓰시오.

(1) Kyle has a lot of pets.
(2) This train always comes lately.
(3) We waited for only a few minutes.
(4) Is there anything wrong in the file?

_____ : _____

(TIP) 문장의 필수 요소(주어, 동사 등)가 모두 있는지 확인한 뒤,
수식어(형용사, 부사 등)의 형태와 위치가 바른지 확인한다!

★ 서술형 문제 풀이 과정

❶ 어법상 틀린 문장을 찾아 고쳐 쓰는 문제

❷ 모든 문장에 형용사와 부사가 공통으로 있으므로
수식어에 대한 문제일 확률이 높음

❸ 문맥과 어법에 맞는 형용사와 부사가 쓰였는지 확인

---

1 어법상 틀린 문장을 찾아 번호와 함께 다시 쓰시오.

(1) She works hard for the company.
(2) Jay has long surprisingly hair.
(3) Mason sometimes skips classes.
(4) Unfortunately, he failed the test.

_____ : _____

2 우리말을 영어로 바꿔 쓸 때, 틀린 문장을 찾아 번호
와 함께 다시 쓰시오.

(1) 서울은 방문하기에 신나는 장소이다.
 → Seoul is an exciting place to visit.
(2) 나는 아침에 일찍 일어났다.
 → I woke up early in the morning.
(3) 그 스튜에 소금은 거의 없다.
 → There are few salts in the stew.

_____ : _____

3 다음 대화를 읽고, 어법상 틀린 곳 2개를 찾아 바르
게 고쳐 쓰시오.

A That street is so crowd. A lot of people
are over there. What are they doing?
B Oh, look at the tall woman. She is a
famously actress!
A Wow, she is so lovely!
B Yes. She always looks beautiful on
TV, too.

(1) _____ → _____

(2) _____ → _____

기출문제로 WRAP UP

01 우리말과 일치하도록 괄호 안에 주어진 말을 바르게 배열하시오.

(1) 나는 차가운 것을 마실 수 없다.
(cold, I, drink, anything, can't)
→ _____

(2) 나는 어떻게 수영하는지 독학했다.
(myself, taught, how, I, to swim)
→ _____

02 다음 빈칸에 알맞은 말을 〈보기〉에서 골라 쓰시오.
(한 번씩만 사용할 것)

> 보기
> any   every   both   each

(1) Gabriel isn't able to play _____ instruments.

(2) He drew pictures on _____ sides of the paper.

03 어법상 틀린 곳을 찾아 바르게 고쳐 쓰시오.

(1) We bought us a new TV.
_____ → _____

(2) Most of the models in the picture is wearing sneakers.
_____ → _____

(3) I put three pens in my pencil case. But now there are only two pens in it. Where is other?
_____ → _____

04 다음 그림을 보고, 부정대명사를 사용하여 문장을 완성하시오.

chocolate   grape   melon

There are three kinds of ice cream.
_____ is chocolate, _____ is grape, and _____.

05 우리말과 일치하도록 괄호 안에 주어진 말을 활용하여 빈칸에 알맞은 말을 쓰시오.

(1) 이 동네의 모든 소년은 자전거를 갖고 싶어 한다. (want, town, in, every)
→ _____ _____ _____
_____ _____ _____
to have a bicycle.

(2) 우리는 그 궁전을 둘러볼 시간이 거의 없다.
(have, little)
→ _____ _____ _____
_____ to look around the palace.

(3) 그 봉지 안에 쿠키가 몇 개 있다. (there, few)
→ _____ _____ _____
_____ _____ in the bag.

(4) 그 모자들 중 몇몇은 10달러이고, 나머지 모두는 15달러이다.
→ _____ _____ the hats cost $10, and _____ _____ cost $15.

06 다음 우리말을 〈조건〉에 맞게 영작하시오.

(1)
> 그들의 각각은 우산을 가지고 있다.

조건
- 부정대명사 each와 동사 have를 활용할 것
- 6단어의 완전한 문장으로 쓸 것

→ _____

(2)
> 우리 둘 다 프랑스에서 공부 중이다.

조건
- 부정대명사 both와 동사 study를 활용할 것
- 현재진행형으로 쓸 것
- 7단어의 완전한 문장으로 쓸 것

→ _____

07 다음 그림을 보고, 〈조건〉에 맞게 문장을 완성하시오.

조건
- take a picture of를 활용할 것
- 과거시제로 쓸 것
- 5단어를 추가하여 문장을 완성할 것

My parents _____

_____.

08 다음 대화를 읽고, 빈칸에 알맞은 대명사를 각각 쓰시오.

A I like your new watch. (1) _____ matches your jacket.
B Oh, thanks. I lost my old (2) _____, so I bought this new watch yesterday.
A It looks nice on you.

(1) _____ (2) _____

09 다음 문장들의 빈칸에 공통으로 들어갈 대명사를 쓰시오.

- There are many colorful chairs. _____ are white, and others are blue.
- Would you like _____ biscuits?
- I need _____ milk for the recipe.

→ _____

10 다음 글을 읽고, 어법상 틀린 곳 2개를 찾아 바르게 고쳐 쓰시오.

I was walking down the hallway the other day. Suddenly, some touched my shoulder. I looked back and saw Ronald! He was back from England. "I didn't know you were back!" I said. He smiled and said, "I didn't tell somebody. It's a surprise!"

(1) _____ → _____

(2) _____ → _____

01

02

>>> START

FINISH

10

09

08

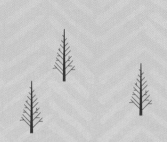

CHAPTER 07

비교

원급, 비교급, 최상급

1 원급

● '…만큼 ~한/하게'는 〈as+형용사/부사의 원급+as〉 형태로 쓴다. 동사가 be동사이면 as 사이에 형용사를, 일반동사이면 부사를 써준다.

Walking **is**	as healthy as	running.	걷기는 달리기만큼 건강에 좋다.
He **ran**	as fast as	she (did).	그는 그녀만큼 빨리 달렸다.
Golf **is** not	as[so] exciting as	soccer.	골프는 축구만큼 신이 나지 않는다.

as+원급+as

2 비교급

● '…보다 더 ~한/하게'는 〈형용사/부사의 비교급+than〉 형태로 쓴다. 비교급을 강조하여 '훨씬 더 ~한/하게' 라고 표현할 때는 비교급 앞에 much, far, a lot 등을 붙인다.

Chinese is	more difficult than	Japanese.	중국어는 일본어보다 더 어렵다.
Japanese is	less difficult than	Chinese.	일본어는 중국어보다 덜 어렵다.
He danced _much_	better than	the singer (did).	그는 그 가수보다 춤을 훨씬 잘 췄다.

비교급 강조

비교급+than

3 최상급

● '(… (중)에서) 가장 ~한/하게'는 〈the+형용사/부사의 최상급〉 형태로 쓴다.

부사의 최상급 앞에서는 생략 가능

I jumped	(the) highest		of the four.	나는 그 넷 중 가장 높게 뛰었다.
Seoul is	the most dynamic	city	in Korea.	서울은 한국에서 가장 활기찬 도시이다.

the+최상급　　　of/in+비교 대상, 장소 또는 범위

출제 포인트 **비교급과 최상급 만드는 규칙을 알아둔다.**
- 2음절 이하 비교급/최상급: 주로 〈원급+-er/-est〉
- 3음절 이상 비교급/최상급: 주로 〈more/most+원급〉
- 예외: good/well-better-best, bad/ill-worse-worst,
  many/much-more-most, little-less-least 등

A

단어
배열하기

1 너의 차는 나의 차만큼 많이 운반할 수 있다. (my car, as, carry, much, your car, can, as)

2 그는 그의 아내보다 덜 주의 깊게 운전한다. (than, he, less, his wife, carefully, drives)

3 이 반지는 저것만큼 빛나지 않는다. (shiny, that one, as, is, this ring, not, as)

4 Lucy는 나의 가족 중에서 가장 현명한 사람이다. (person, Lucy, in my family, wisest, is, the)

5 Alexander의 발들은 나의 것보다 훨씬 크다. (are, mine, a lot, Alexander's feet, than, bigger)

6 영화는 만화책보다 더 재미있다. (more, comic books, are, than, entertaining, movies)

B

빈칸
채우기

1 한강은 한국에서 가장 유명한 강이다. (famous)

The Han River is _____ in Korea.

2 엄마는 어린 학생만큼 쉽게 언어들을 배우신다. (learn, easily, language)

Mom _____ a young student.

3 저 새가 세상에서 가장 높이 날 수 있다. (fly, high)

That bird _____ in the world.

4 나의 새 컴퓨터는 저번 것보다 훨씬 더 좋다. (good, much)

My new computer _____ the last one.

5 그 꽃은 너만큼 아름답지 않다. (beautiful)

The flower is _____ .

C
문장
완성하기

1 토네이도는 허리케인보다 덜 위험하다. (dangerous)

Tornadoes are _____ hurricanes.

2 2월은 연중 가장 짧은 달이다. (February, short)

_____ of the year.

3 Josh는 너만큼 가볍지 않다. (light)

Josh _____ you.

4 나는 Lily보다 훨씬 더 빠르게 헤엄친다. (fast, lot)

5 그녀는 그녀의 할머니만큼 일찍 일어난다. (early, get up)

D
틀린 부분
고쳐 쓰기

1 우리의 사무실은 사우나만큼 덥다.

Our office is as hotter as a sauna.

→

2 Oliver는 그 셋 중 가장 창의적인 직원이다.

Oliver is creativest worker of the three.

→

3 그들의 행동은 그들의 말보다 훨씬 더 나빴다.

Their behavior was very worse than their words.

→

4 그녀의 안경은 내 것보다 두껍다.

Her glasses are thick than me.

→

5 태평양은 세상에서 가장 큰 바다이다.

The pacific is largest ocean in the world.

→

서술형으로 STEP UP

그림 또는 도표 보고 영작하기

예제 다음 그림을 보고, ❶괄호 안의 단어를 활용하여 비교하는 문장을 완성하시오.

⭐ 서술형 문제 풀이 과정

❶ 동물들의 키를 비교하는 문제

❷ 빈칸 앞뒤의 비교 대상으로 보아 원급의 부정형 (not as[so]+원급+as)나 비교급 사용 가능

❸ 빈칸 개수에 맞게 비교급을 써서 문장 완성

(1) ❷The rabbit is ❸_____ _____ the bear. (tall)

(2) ❷The cat is ❸_____ _____ the bear. (short)

(TIP) 그림 또는 도표를 보고, 비교 대상의 어떤 성질이나 상태를 비교하는지 파악하자!

---

1 다음 표를 보고, 각 인물의 나이를 비교하는 문장을 완성하시오.

Person	Age
Tim	20
Luke	18
me	16

(1) Tim _____ _____ _____ of the three.

(2) Luke is _____ _____ Tim.

(3) I _____ _____ _____ of the three.

2 다음 샌드위치 가게의 메뉴판을 보고, 괄호 안의 단어를 활용하여 비교하는 문장을 완성하시오.

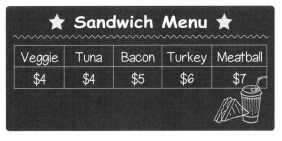

⭐ Sandwich Menu ⭐

Veggie	Tuna	Bacon	Turkey	Meatball
$4	$4	$5	$6	$7

(1) The veggie sandwich is _____ _____ the tuna sandwich. (cheap, 3단어)

(2) The turkey sandwich is _____ _____ the bacon sandwich. (expensive, 3단어)

(3) The meatball sandwich is _____ _____ item on the menu. (expensive, 3단어)

1 원급을 이용한 표현

● '…의 몇 배로 ~한/하게'는 〈배수사+as+원급+as〉 형태로 쓴다. 이 표현은 〈배수사+비교급+than〉을 써서 나타낼 수도 있다.　'두 배'는 twice, '세 배'부터는 three times …

배수사+as+원급+as

My bag is 　**three times as heavy as**　 yours.　나의 가방은 너의 것의 세 배만큼 무겁다.

　three times heavier than　 = your bag　나의 가방은 너의 것보다 세 배 더 무겁다.

배수사+비교급+than

2 비교급을 이용한 표현

● '점점 더 ~한/하게'는 〈비교급+and+비교급〉 형태로 쓴다. 비교급의 형태가 〈more+원급〉인 경우, 〈more and more+원급〉으로 쓴다.

The train is getting 　**slower and slower.**　　그 기차가 점점 더 느려지고 있다.
get, grow,　　비교급+and+비교급
become: '~해지다'

The actor became 　**more and more famous.**　　그 배우는 점점 더 유명해졌다.

more and more+원급

● '~하면 할수록 더 …한/하게'는 〈the+비교급, the+비교급〉으로 쓴다.

　The darker　 it is, 　**the brighter**　 stars shine.　　어두울수록 별들은 더 밝게 빛난다.

the+비교급　　　　the+비교급

3 최상급을 이용한 표현

● '가장 ~한 것들 중 하나'라는 최상급 의미는 〈one of the+최상급+복수명사〉 형태로 쓴다.

Sue is 　**one of the smartest students**　 in my class.　　Sue는 우리 반에서 가장 똑똑한 학생들 중 한 명이다.

one of the+최상급+복수명사

cf. 원급이나 비교급을 사용해서 최상급의 의미를 나타낼 수 있다.

Sue is **the smartest** student in my class. 〈the+최상급〉
→ **No (other) student** in my class is **as smart as** Sue. 〈no (other)+명사 ~ as[so]+원급+as〉
→ Sue is **smarter than any other student** in my class. 〈비교급+than any other+단수명사〉

 '가장 ~한 것들 중 하나'라는 의미의 〈one of the+최상급〉 뒤에는 항상 복수명사를 씀에 주의한다.
David is **one of the nicest** ~~friend~~ (→ **friends**) of mine.

A
단어
배열하기

1 그녀는 역사에서 가장 위대한 지도자들 중 한 명이었다. (the greatest, was, leaders, one of, she)

in history.

2 피자는 세상의 다른 어떤 음식보다 더 맛있다. (than, is, any other, pizza, more delicious, food)

in the world.

3 온도는 점점 더 낮게 떨어지기 시작했다. (to drop, and, the temperature, lower, started, lower)

4 저 건물은 그 집의 두 배만큼 높다. (the house, twice, as, is, that building, tall, as)

5 Jackson은 점점 더 피곤해졌다. (more, became, tired, Jackson, more, and)

6 네가 더 많이 웃을수록, 너는 더 행복해질 것이다.
(will, you, the more, smile, you, the happier, be)

B
빈칸
채우기

1 그 남자는 점점 더 화가 났다. (angry)

The man got   .

2 네가 공부를 더 많이 할수록, 너는 더 많이 배울 것이다. (much)

                            you study,   you will learn.

3 이것은 그 가게에서 가장 푹신한 의자들 중 하나다. (chair, soft)

This is   in the shop.

4 나는 그 아이보다 네 배 더 나이가 많다. (old)

I'm   the child.

5 우리 가족의 다른 어떤 사람도 나만큼 시끄럽지 않다. (person, loud)

No   in my family is   me.

**문장
완성하기**

1 그 팀의 다른 어떤 선수도 Patrick만큼 공을 멀리 차지 않는다. (player, far)

                                     on the team kicks the ball   .

2 이것은 텔레비전에서 가장 무서운 쇼들 중 하나다. (scary, on TV)

This is   .

3 저 배는 이 보트보다 열 배 더 크다. (big)

That ship   .

4 그녀가 운동을 많이 하면 할수록, 그녀는 더 건강해진다. (exercise, become, much, healthy)

5 그 반죽은 점점 더 끈적끈적해졌다. (the dough, sticky, grow)

**틀린 부분
고쳐 쓰기**

1 그가 더 가까이 올수록, 나는 더 긴장되었다.

The close he came, the nervous I became.

   →

2 저것은 그 도시의 다른 어떤 자동차보다 더 근사하다.

That is as nice as any other cars in the city.

   →

3 나는 남편의 절반만큼 많이 먹는다.

I eat as half much as my husband.

   →

4 그 이야기는 점점 더 지루해지고 있다.

The story is getting more boring and boring.

   →

5 남극은 지구에서 가장 추운 장소들 중 하나다.

The South Pole is one of the coldest place on earth.

   →

서술형으로 STEP UP

빈출유형 **문장 완성하기**

예제 우리말과 일치하도록 괄호 안에 주어진 말을 활용하여 문장을 완성하시오.

Ron Weasley는 Harry Potter의❶ 가장 친한 친구들 중 한 명이다. ❷ (close)

→ Ron Weasley is ❸_____
_____ of Harry Potter.

TIP 원급/비교급/최상급을 이용한 비교 구문뿐만 아니라 원급/비교급을 사용해서 최상급의 의미를 나타내는 구문도 기억해두자!

★ 서술형 문제 풀이 과정

❶ '가장 ~한 것들 중 하나'
: 〈one of the+최상급+복수명사〉

❷ close의 최상급은 closest

❸ 최상급 앞에 the를 썼는지, 뒤에 복수형 명사를 썼는지 확인

---

1 우리말과 일치하도록 괄호 안에 주어진 말을 활용하여 문장을 완성하시오.

(1) 너의 성적이 점점 더 좋아지고 있다. (good, grow)

→ Your grades are _____
_____.

(2) 나의 오래된 노트북은 새것의 세 배만큼 두껍다. (thick, time)

→ My old laptop is _____
_____ my new one.

(3) 바다가 더 깊을수록, 더 어두워진다. (dark, deep)

→ _____ the ocean is,
_____ it gets.

(4) 그 수학 수업은 점점 더 어려워졌다. (difficult)

→ The math classes became _____
_____.

2 다음 문장과 의미가 통하도록 문장을 바꿔 쓰시오.

(1) No other place in the U.S. is as hot as Death Valley.

→ Death Valley is _____
_____ _____ in the U.S.

(2) Surfing is more exciting than any other sport in the world.

→ No other sport in the world is
_____ _____ _____
surfing.

(3) No other book in the library is as interesting as *Jane Eyre*.

→ *Jane Eyre* is _____ _____
_____ _____ _____
_____ in the library.

01 괄호 안에 주어진 말을 사용하여 다음 두 문장을 한 문장으로 바꿔 쓰시오.

> • A sloth moves about 200 meters per hour.
> • A sea turtle moves about 200 meters per hour.

→ A sloth moves _____ _____

_____ a sea turtle. (slowly)

02 세 도시의 기온을 나타낸 다음 표를 보고, 괄호 안에 주어진 말을 활용하여 비교하는 문장을 완성하시오.

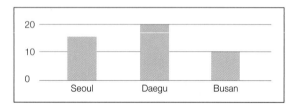

(1) Daegu is _____ _____ Seoul. (warm)

(2) Busan is _____ _____ Daegu. (cold)

03 밑줄 친 부분을 최상급을 사용하여 바꿔 쓰시오.

> Christmas is a great time of the year.

→ Christmas is _____ of the year.

04 우리말을 영어로 바꿔 쓸 때, 틀린 곳을 찾아 바르게 고쳐 쓰시오.

(1) 물은 탄산음료보다 훨씬 더 몸에 좋다.
Water is very healthier than soda.

_____ → _____

(2) 그 고양이는 점점 살이 찌고 있다.
The cat is growing fat and fat.

_____ → _____

(3) 이것은 내 인생에서 가장 힘든 일 중 하나다.
This is one of the hardest job of my life.

_____ → _____

05 다음 대화를 읽고, 〈조건〉에 맞게 대화를 완성하시오.

> **A** Sujin, what are you doing?
> **B** I'm looking for a cheap KTX ticket for Busan. But I can't find one.
> **A** You should also take a look at plane tickets. _____
> **B** Really? You mean that flying can be cheaper than the KTX?
> **A** Yes, it can.

┌ 조건 ┐
• flying을 주어로 하여 the KTX와 비교할 것
• can, expensive를 사용할 것
• 8단어의 긍정문으로 쓸 것

→ _____

06 다음 표를 보고, 〈조건〉에 맞게 빈칸에 알맞은 말을 쓰시오.

영화	상영 시간	평점
Dinosaur Park	90 min	★
Iron Woman	110 min	★★★
Judo Panda	90 min	★★★★★

┌ 조건 ┐
- 형용사 good, bad, short, long 중 알맞은 단어를 한 번씩만 활용할 것
- 원급, 비교급, 최상급 구문을 활용하여 세 영화를 비교하는 문장을 완성할 것

(1) *Dinosaur Park* got _____ _____ review of the three.

(2) *Iron Woman* is _____ _____ *Judo Panda*.

(3) *Judo Panda* is _____ _____ _____ *Dinosaur Park*.

(4) *Judo Panda* got _____ _____ review of the three.

07 우리말과 일치하도록 괄호 안에 주어진 말을 활용하여 문장을 완성하시오.

(1) Bob은 Robin만큼 정직하지 않다. (honest)
    → Bob is _____ Robin.

(2) 네가 열심히 연습할수록, 너는 더 성공할 것이다. (hard, successful)
    → _____ you practice, _____ you'll be.

(3) 건강은 세상의 다른 어떤 것보다 중요하다. (important, any)
    → Health is _____ thing in the world.

08 다음 그림을 보고, 배수사를 사용하여 빈칸에 알맞은 말을 쓰시오.

→ The snake is _____ _____ _____ _____ _____ my arm.

09 다음 대화를 읽고, 밑줄 친 우리말과 일치하도록 〈보기〉에서 단어를 골라 활용하여 쓰시오. (한 단어를 여러 번 쓸 수 있음)

Minsu	Hey, Ted. Do you like soccer?
Ted	No, I don't. I like baseball. (1) 축구는 우리 나라에서 야구만큼 인기 있지 않아.
Minsu	Oh, I see.
Ted	(2) 야구가 훨씬 더 인기 있어. (3) 요즘, 하키 또한 점점 인기 있어지고 있어.

┌ 보기 ┐
far   popular   get

(1) Soccer _____ _____ _____ _____ _____ _____ in my country.

(2) Baseball _____ _____ _____ _____.

(3) These days, hockey is also _____ _____ _____ _____.

누적시험으로 LEVEL UP Chapter 04 ~ 07

시험일 월 일
점수 / 문항

01 우리말과 일치하도록 괄호 안에 주어진 말을 사용하여 문장을 완성하시오.

(1) 나는 이 카드를 반납할 것을 약속했다. (return)
→ I promised ____________________.

(2) 그룹을 지어 공부하는 것은 도움이 된다. (helpful, it)
→ ____________________ in a group.

02 다음 대화를 읽고, 빈칸에 알맞은 말을 〈보기〉에서 골라 쓰시오.

보기
a any some other another

A Let's make pancakes for breakfast.
B What do we need?
A We need flour, milk, butter, and eggs.
B We don't have __________ butter, so we should buy __________.
A Okay, I'll go to the grocery.

03 우리말과 일치하도록 괄호 안에 주어진 말을 바르게 배열하시오.

(1) 나의 친구는 그의 아버지만큼 키가 크다. (tall, as, my friend, as, his father, is)
→ ________________________________

(2) 우리가 더 언쟁할수록, 그는 더 화가 났다. (the more, he, the angrier, became, argued, we)
→ ________________________________

04 빈칸에 알맞은 말을 〈보기〉에서 골라 알맞은 형태로 바꿔 쓰시오. (빈칸에 한 단어로 쓸 것)

보기
fly fall bake

(1) Why don't we sweep up the __________ leaves after dinner?

(2) Look at the balloon __________ high into the sky.

(3) Mathew ordered a __________ potato on the side.

05 다음 글을 읽고, 밑줄 친 우리말과 일치하도록 괄호 안에 주어진 말을 활용하여 빈칸에 알맞은 말을 쓰시오.

Student	Dongmin	Junhee	me
Score	89	90	93

Today, we took a math quiz at school. Dongmin, Junhee, and I made a bet on the quiz. (1) <u>준희는 동민이보다 더 잘했다.</u> But she was only 1 point higher than him. (2) <u>내가 셋 중에서 가장 높은 점수를 받았다.</u> Dongmin and Junhee have to buy me a snack.

(1) Junhee __________ __________ __________ Dongmin. (well, do)

(2) I got __________ __________ score __________ the three. (high)

06 다음 대화를 읽고, 괄호 안에 주어진 말을 활용하여 밑줄 친 우리말을 영작하시오. (6단어)

> **A** Did you find your headphones?
> **B** Oh, yes. I did.
> **A** Where were they?
> **B** My sister had them. <u>내가 그녀에게 그것들을 빌려줬던 것을 잊었어.</u> (lend, forget, to)

→ _____

07 어법상 틀린 곳을 찾아 바르게 고쳐 쓰시오.

(1) I'm looking forward to visit you.

_____ → _____

(2) The actor got more famous and famous.

_____ → _____

(3) I want to eat spicy something for lunch.

_____ → _____

08 다음 그림을 보고, 그림을 묘사하는 문장을 완성하시오.

There are many cars in the parking lot.
One is red, another is white, and _____
_____ .

09 다음 두 문장을 괄호 안에 주어진 말과 배수사를 사용하여 한 문장으로 바꿔 쓰시오.

(1)
> Ice cream is $2. Sandwiches are $6.

→ Sandwiches are _____

_____ _____ _____

than ice cream. (expensive)

(2)
> I studied for 2 hours. Ian studied for 8 hours.

→ Ian studied _____ _____

_____ _____ _____

I did. (long)

10 우리말과 일치하도록 괄호 안에 주어진 말을 사용하여 문장을 완성하시오.

(1) 나는 시장에서 약간의 물건들을 사기를 원한다. (buy, want / 6단어)

→ _____

things at the market.

(2) 각각의 학생은 신분증을 가지고 있다. (student / 3단어)

→ _____

an ID card.

(3) 그는 야채를 다듬다가 베였다. (cut / 3단어)

→ _____

while preparing the vegetables.

(4) 날씨는 내가 나가기에 너무 덥다. (too, go outside / 7단어)

→ The weather is _____

_____ .

11 다음 각 문장을 분사구문을 포함한 문장으로 바꿔 쓰시오.

(1) Because I don't have time, I can't go to your party.

→ _____,

I can't go to your party.

(2) If you take the bus, you'll save some money.

→ _____,

you'll save some money.

(3) While she was listening to music, she clipped her nails.

→ _____,

she clipped her nails.

[12~13] 다음 우리말을 〈조건〉에 맞게 영작하시오.

12

> Mandy는 학교에 가고 싶지 않았다.

┌ 조건 ┐
- 동명사를 사용할 것
- feel, go to를 활용할 것
- 축약형을 써서 7단어의 완전한 문장으로 쓸 것

→ _____

13

> 파란 코트를 입은 소년이 있었다.

┌ 조건 ┐
- 분사를 사용할 것
- there, a blue coat를 사용할 것
- 8단어의 완전한 문장으로 쓸 것

→ _____

14 다음 중 어법상 틀린 문장 2개를 찾아 번호와 함께 다시 쓰시오.

(1) Folding napkins are my job.
(2) Most of the bottles are recycled.
(3) It is easy of me to drive a big car.
(4) There are some apples in the basket.
(5) This is one of the best pictures in the gallery.

_____ : _____

_____ : _____

15 다음 그림을 보고, 괄호 안에 주어진 말을 활용하여 빈칸에 알맞은 말을 쓰시오.

(1) There are three people _____

_____ _____ _____.

(sit, at the table)

(2) The girl _____ _____

_____ _____ is Bomi.

(tie up one's hair)

(3) The boy _____ _____

_____ is Max. (write, a letter)

(4) Tony is _____ _____

_____ and bacon. (eat, fry, egg)

16 다음 문장과 의미가 통하도록 문장을 바꿔 쓸 때, 빈칸에 알맞은 말을 쓰시오.

(1) Chickens are smaller than turkeys.

→ Turkeys are _____ _____ _____ as chickens.

(2) It seems that she speaks French.

→ She _____ _____ _____ _____.

(3) The ice is hard enough to break my cup.

→ The ice is _____ _____ _____ _____ _____ my cup.

(4) Ms. Smith is funnier than any other teacher in my school.

→ No _____ _____ in my school _____ _____ _____ _____ Ms. Smith.

17 다음 글을 읽고, 밑줄 친 부분을 어법에 맞게 고쳐 쓰시오.

I arrived early at the airport. As I had a lot of time left, I became (1)bore. Then, a man (2)carry some luggage walked towards me. I was (3) surprise to see him because it was Mr. Kim, my English teacher. He had booked the same flight as me!

(1) _____

(2) _____

(3) _____

18 우리말과 일치하도록 괄호 안에 주어진 말을 사용하여 빈칸에 알맞은 말을 쓰시오.

(1) 그 펜들 중 몇몇은 그들의 것이다. (some)

→ _____ _____ _____ _____ _____ theirs.

(2) 누구나 어떻게 영어를 말하는지 배울 수 있다. (speak)

→ Anyone can learn _____ _____ _____ _____.

(3) 이 방에 있는 모든 학생은 한국인이다. (every)

→ _____ _____ in this room _____ _____.

(4) 나의 부모님 두 분 다 전주 출신이시다. (both)

→ _____ _____ _____ _____ _____ from Jeonju.

19 〈보기〉와 같이 to부정사를 사용하여 주어진 두 문장을 한 문장으로 바꿔 쓰시오.

┌ 보기 ┐
I have a meeting. I have to attend the meeting.
→ I have a meeting to attend.
└──────┘

(1) They need a house. They will live in the house.

→ _____

_____

(2) Noah bought postcards. He'll put them on the wall.

→ _____

_____

CHAPTER
08

접속사

03   04

05

06

07

1 등위접속사

● 등위접속사 and, but, or, so는 단어와 단어, 구와 구, 절과 절을 이어준다.

두 개 이상의 단어가 모여 하나의 품사로 기능 〈주어+동사〉를 포함한 문장의 일부

Zoe likes traveling abroad **and** meeting new people.
　　　　　　동명사구　　　　　　　　　　　동명사구

Zoe는 해외를 여행하는 것과 새로운 사람들을 만나는 것을 좋아한다.

cf. so는 절과 절만 이어준다.

결과	절, so+절 : ~해서 …하다	It became dark, **so** they came back home. (날이 어두워져서, 그들은 집으로 돌아왔다.)
	so+형용사/부사+that절 : 너무 ~해서 …하다	The sofa is **so** heavy **that** we can't lift it. (그 소파는 너무 무거워서 우리는 그것을 들 수 없다.)
목적	절+so that+절 : …하도록 ~하다	Let's sit together **so that** we can share food. (음식을 나눠먹을 수 있도록 모여 앉자.)

that절에 〈can/will+동사원형〉이 주로 옴

2 상관접속사

● 상관접속사는 짝을 이루어 서로 떨어져 있는 말을 이어준다.

Both you **and** I *have* long hair.
　　　　　　　동사의 단·복수 형태에 주의

너와 나 둘 다 머리가 길다.

You can take **either** a bus **or** the subway.

너는 버스 또는 지하철을 탈 수 있다.

상관접속사	의미	주어로 쓸 때 동사의 형태
both A and B	A와 B 둘 다	복수 취급
either A or B	A 또는 B	B에 동사의 수 일치
neither A nor B	A도 B도 아닌	
not only A but (also) B / B as well as A	A뿐만 아니라 B도	
not A but B	A가 아니라 B인	

출제 포인트 등위접속사와 상관접속사가 이어주는 두 대상은 문법적으로 동일한 형태와 구조여야 한다.
They will go to **either** ~~Paris~~ or ~~stay home~~. (×)
→ They will go to **either** Paris **or** Rome. (○)
→ They will **either** go to Paris **or** stay home. (○)

A

단어
배열하기

1 Wendy는 빙판에 미끄러져서 그녀의 무릎을 다쳤다. (her knee, slipped, Wendy, hurt, and, on ice)

2 Aiden 또는 내가 너에게 이메일을 보낼 것이다. (an email, I, either, you, send, Aiden, will, or)

3 그는 그 가게에 갔지만, 그것은 닫혀 있었다. (the store, but, he, was closed, went, to, it)

4 지원이와 수호 둘 다 나의 반 친구들이다. (and, my classmates, both, are, Jiwon, Suho)

5 그녀는 좋은 자리를 잡을 수 있도록 일찍 도착했다.
(she, that, early, a good seat, she, could, arrived, so, get)

B

빈칸
채우기

1 그녀는 너무 행복해서 계속 미소 짓고 있었다. (keep)

She was   smiling.

2 나는 Vincent를 방문하거나 쇼핑하러 갈 것이다. (visit, go)

I'll   .

3 James는 가수가 아니고 기타 연주자이다. (a guitarist)

James is   .

4 Emma는 차를 살 수도 운전할 수도 없다. (buy)

Emma can   a car.

5 David은 모자뿐만 아니라 스웨터도 가져왔다. (a cap)

David brought a sweater   .

6 날씨가 화창해서 나는 공원에 갔다. (sunny)

                                          ,   I went to the park.

01 문맥상 빈칸에 알맞은 말을 〈보기〉에서 골라 쓰시오. (한 번씩만 사용할 것)

> 보기
> because of   as soon as
> so that   even though

(1) I ordered a big pizza _____ everyone could share.

(2) Dennis kept sneezing _____ his allergies.

(3) Julie called me _____ she parked her car.

(4) You must not drink this lake water _____ it looks clean.

02 우리말과 일치하도록 괄호 안에 주어진 말을 바르게 배열하시오.

(1) 그들은 네가 일어나기 전에 떠날 것이다.
(wake up, before, you, will, leave)
→ They _____
_____.

(2) 나는 네가 일하는 동안 스웨터를 뜰 것이다.
(you, a sweater, will, knit, while, are, at work)
→ I _____
_____.

(3) Anne뿐만 아니라 그녀의 자매들도 그의 노래들을 좋아한다.
(her sisters, like, but also, his songs, Anne, not only)
→ _____
_____

03 어법상 틀린 곳을 찾아 바르게 고쳐 쓰시오.

(1) Either Hannah or Sarah are going to win the race.
_____ → _____

(2) When Ken shouted at me yesterday, I feel surprised.
_____ → _____

[04~05] 다음 Ethan의 방학 일정표를 보고, 물음에 답하시오.

Ethan's schedule	
8:00 a.m.	have breakfast
9:00 a.m.	take Chinese class
11:00 a.m.	go to the swimming pool

04 주어진 〈조건〉에 맞게 문장을 완성하시오.

> 조건
> • 접속사 after 또는 before를 사용할 것

→ _____
_____, he takes Chinese class.

05 다음 질문에 알맞은 대답을 쓰시오. (상관접속사를 쓸 것)

Q Does Ethan study Italian during vacation?
A No, he doesn't. He studies _____
_____ _____ Chinese.

06 우리말과 일치하도록 괄호 안에 주어진 말을 사용하여 영작하시오.

(1) 그 가수는 무대에서 노래하고 춤을 춘다. (both)

→ _____

on the stage.

(2) 만약 내가 새 손목시계를 산다면, 나는 너에게 그것을 보여줄 거야. (buy, watch)

→ _____,

I'll show it to you.

(3) Veronica는 매우 활동적이어서 그녀는 매일 조깅하러 간다. (active, jogging, so)

→ _____

_____ every day.

[07~08] 다음 우리말을 〈조건〉에 맞게 영작하시오.

07

나는 그의 이야기가 사실이라는 것을 안다.

┌─ 조건 ┐
- true, know, story를 사용할 것
- 7단어의 완전한 문장으로 쓸 것
└─────┘

→ _____

08

그 우비는 튼튼할 뿐만 아니라 아름답기도 하다.

┌─ 조건 ┐
- the raincoat, strong, as를 사용할 것
- 8단어의 완전한 문장으로 쓸 것
└─────┘

→ _____

09 다음 문장과 의미가 통하도록 문장을 바꿔 쓰시오.

(1) They have not only three cats but also two dogs.

→ They have _____ _____

_____ _____ _____

_____ _____.

(2) Charlotte likes bananas. Susan likes bananas, too.

→ _____ Charlotte _____ Susan _____ _____.

(3) Ollie's mother doesn't speak Korean. His father doesn't speak Korean, either.

→ Neither Ollie's mother _____

_____ _____ _____

_____.

(4) I turned off my phone in order to concentrate on my work.

→ I turned off my phone _____

_____ _____ _____

_____ on my work.

10 다음 중 어법상 틀린 문장을 찾아 번호와 함께 문장을 다시 쓰시오.

(1) We can eat pasta unless you want Korean food.
(2) People loved the movie because the special effects were good.
(3) My dad wants to be healthy, so he neither drinks nor smoking.

_____ : _____

_____

1 의문사가 없는 의문문

● 동사가 be동사인지 일반동사/조동사인지에 따라 의문문 구조가 다르다. 대답은 yes/no로 할 수 있다.

be동사 주어

→ 대답은 Yes, it is. / No, it isn't.

Is **Coco** your favorite animated film?

'코코'가 네가 가장 좋아하는 만화 영화니?

Did **you** **enjoy** the concert last night?

너는 어젯밤 그 콘서트를 즐겼니?

Do[Does/ 주어   동사원형
Did]/조동사

→ 대답은 Yes, I did. / No, I didn't.

2 의문사가 있는 의문문

● 〈의문사+be동사/do[does/did]/조동사+주어 ~?〉 어순으로 쓰며, yes/no로 답하지 않고 구체적으로 답한다.

What **will** **you** **do** tomorrow?

너는 내일 무엇을 할 거니?

　의문사　　조동사　　주어　동사원형

3 간접의문문

● 의문문이 다른 문장의 일부(주어·보어·목적어)로 쓰인 경우를 간접의문문이라고 한다.
의문사가 있는 간접의문문은 〈의문사+주어+동사〉 어순으로 쓴다.

Do you know? + **Where** **is** **my bag?**

너는 아니? 나의 가방이 어디에 있니?

Do you know **where** **my bag** **is?**

너는 나의 가방이 어디에 있는지 아니?

　　　　　　　의문사　　주어　　　동사

● 의문사가 없는 간접의문문의 경우에는 〈if[whether]+주어+동사〉 어순으로 쓴다.

I'm not sure. + **Did** **Jacob** **come** back yesterday?

나는 확실치 않다. Jacob이 어제 돌아왔니?

I'm not sure **if** **Jacob** **came** back yesterday.

나는 Jacob이 어제 돌아왔는지 확실치 않다.

　　　　　　　if　　주어　　　동사

cf. 의문사가 주어인 경우: 〈의문사(주어)+동사〉
Tell me **who lives** in this house.

동사가 일반동사/조동사인 의문문을 쓸 때, 주어 뒤에 동사원형을 씀에 주의한다.
How often **does** she **visits** (→ **visit**) her grandparents?

A
단어
배열하기

1 이 희곡은 셰익스피어에 의해 쓰였나요? (this play, by Shakespeare, was, written)

2 그 영화는 언제 끝날 예정이니? (is, to, the movie, when, end, going)

3 나는 그녀가 어디에 있는지 궁금하다. (wonder, I, is, she, where)

4 Marcus는 그 축구팀에 합류했니? (join, the soccer team, Marcus, did)

5 너는 어떻게 뉴욕에 왔니? (get, did, you, New York, how, to)

B
빈칸
채우기

1 너는 저 노래에 관해 무엇을 좋아하니? (about, like)

that song?

2 그녀는 누가 그녀에게 전화했는지 나에게 물어봤다. (call, ask)

She   her.

3 Teddy는 그 수업이 언제 시작하는지 알고 싶다. (start, class)

Teddy wants to   .

4 그는 항상 트럼펫을 연습하니? (practice)

the trumpet?

5 내가 그 문을 잠갔는지 나는 확실치 않다. (door, lock)

I'm not certain   .

6 너는 어제 그 쇼핑몰에 있었니? (at, mall)

yesterday?

MEMO

MEMO

지은이

NE능률 영어교육연구소

NE능률 영어교육연구소는 혁신적이며 효율적인 영어 교재를 개발하고
영어 학습의 질을 한 단계 높이고자 노력하는 NE능률의 연구조직입니다.

쓰기로 마스터하는 중학서술형 〈2학년〉

펴 낸 이	주민홍
펴 낸 곳	서울특별시 마포구 월드컵북로 396(상암동) 누리꿈스퀘어 비즈니스타워 10층
	㈜NE능률 (우편번호 03925)
펴 낸 날	2018년 10월 5일 초판 제1쇄
	2024년 6월 15일 제14쇄
전　　화	02 2014 7114
팩　　스	02 3142 0356
홈 페 이 지	www.neungyule.com
등 록 번 호	제1-68호
I S B N	979-11-253-2477-5 53740
정　　가	12,000원

NE 능률

고객센터

교재 내용 문의 : contact.nebooks.co.kr (별도의 가입 절차 없이 작성 가능)
제품 구매, 교환, 불량, 반품 문의 : 02-2014-7114
☎ 전화문의는 본사 업무시간 중에만 가능합니다.

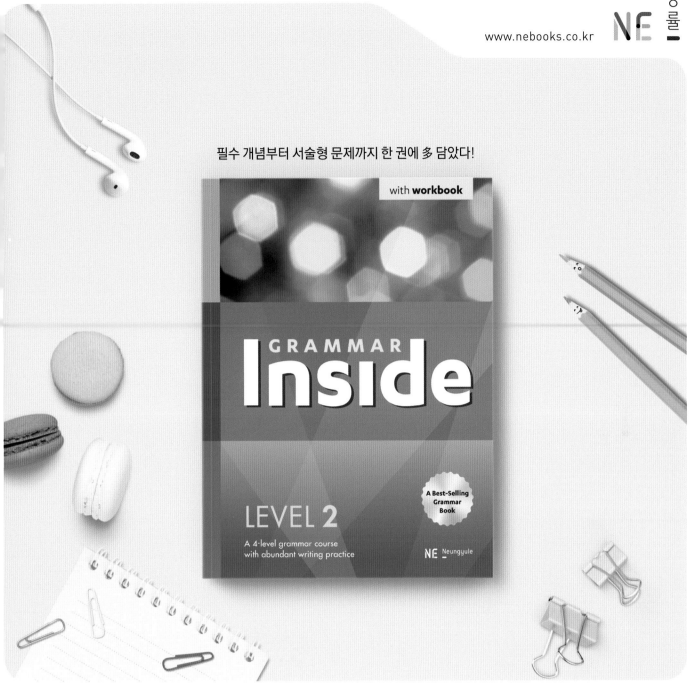

NE능률 교재 MAP

아래 교재 MAP을 참고하여 본인의 현재 혹은 목표 수준에 따라 교재를 선택하세요.
NE능률 교재들과 함께 영어실력을 쑥쑥~ 올려보세요!
MP3 등 교재 부가 학습 서비스 및 자세한 교재 정보는 www.nebooks.co.kr 에서 확인하세요.

듣기
말하기
쓰기

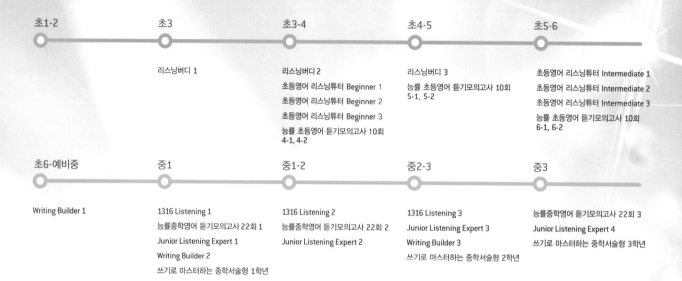

초1-2	초3	초3-4	초4-5	초5-6
	리스닝버디 1	리스닝버디 2 초등영어 리스닝튜터 Beginner 1 초등영어 리스닝튜터 Beginner 2 초등영어 리스닝튜터 Beginner 3 능률 초등영어 듣기모의고사 10회 4-1, 4-2	리스닝버디 3 능률 초등영어 듣기모의고사 10회 5-1, 5-2	초등영어 리스닝튜터 Intermediate 1 초등영어 리스닝튜터 Intermediate 2 초등영어 리스닝튜터 Intermediate 3 능률 초등영어 듣기모의고사 10회 6-1, 6-2

초6-예비중	중1	중1-2	중2-3	중3
Writing Builder 1	1316 Listening 1 능률중학영어 듣기모의고사 22회 1 Junior Listening Expert 1 Writing Builder 2 쓰기로 마스터하는 중학서술형 1학년	1316 Listening 2 능률중학영어 듣기모의고사 22회 2 Junior Listening Expert 2	1316 Listening 3 Junior Listening Expert 3 Writing Builder 3 쓰기로 마스터하는 중학서술형 2학년	능률중학영어 듣기모의고사 22회 3 Junior Listening Expert 4 쓰기로 마스터하는 중학서술형 3학년

중3-예비고	고1	고1-2	고2-3	고3
	TEPS BY STEP L+V Basic		TEPS BY STEP L+V 1	

수능 이상/ 토플 80-89· 텝스 327-384점	수능 이상/ 토플 90-99· 텝스 385-451점	수능 이상/ 토플 100· 텝스 452점 이상		
TEPS BY STEP L+V 2 RADIX TOEFL Blue Label Listening 1 RADIX TOEFL Blue Label Listening 2	RADIX TOEFL Black Label Listening 1	TEPS BY STEP L+V 3 RADIX TOEFL Black Label Listening 2		

최신 중간·기말고사
빈출 서술형 마스터

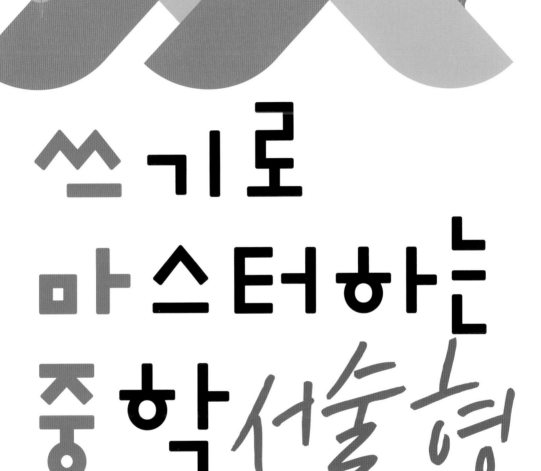

쓰기로 마스터하는 중학서술형

2학년

정답 및 해설

NE능률 영어교육연구소 지음
신유승 선정아 강동효 은다나

NE 능률

쓰기로
마스터하는
중학 서술형

—

정답 및 해설

Unit 01 1형식, 2형식, 3형식 문장

💙 문장으로 CHECK UP
pp. 09~10

A **1** Ants have six legs.
2 The perfume smells nice.
3 The bird flew over my head.
4 Justin became a famous writer.
5 I like reading comic books.
6 This caramel tastes like chocolate.

B **1** grew cold **2** building is a hotel **3** want to go home **4** new bed feels comfortable **5** closes at 10 o'clock

C **1** turned red and yellow
2 enjoyed listening to the music
3 It feels hot
4 We talked for three hours.
5 Oliver dropped the cup on the floor.

D **1** The children are my students.
2 The class began in the early morning.
3 The man stopped the taxi.
4 The tall buildings look good.
5 His travel story sounded very odd.

📢 서술형으로 STEP UP
p. 11

예제 He looks like a puppy when he smiles.

1 (1) smart (2) wanted to play (3) smells like

2 (1) The bread became hard.
(2) The actress is beautiful.
(3) His voice sounds soft.

3 (1) tasted greatly → tasted great
(2) played with → played

4 I felt sad when I watched it.

Unit 02 4형식, 5형식 문장

💙 문장으로 CHECK UP
pp. 13~14

A **1** Hannah told me an interesting story.
2 My mom bought a bike for me.

3 I will send an email to you.
4 David made his family disappointed.
5 He allowed me to go through the gate.
6 Yejin showed the staff her boarding pass.

B **1** named the typhoon "Roke" **2** got newspapers for them **3** lent me their camera **4** told Kevin to help **5** kept his house warm

C **1** cooked him dumplings
또는 cooked dumplings for him
2 I want you to stop
3 I found the book useful.
4 He asked Donald to wash the dishes.
5 They gave her the prize.
또는 They gave the prize to her.

D **1** I bought a drink for him.
또는 I bought him a drink.
2 Taeho teaches Korean to foreigners.
또는 Taeho teaches foreigners Korean.
3 She expects you to tell the truth.
4 We made him a baseball player.
5 My brother sometimes gets me angry.

📢 서술형으로 STEP UP
p. 15

예제 I made an apple pie for her

1 (1) The clerk brought me a sweater.
(2) He asked me to attend the meeting.
(3) Can you send my card to them?
(4) The news made us nervous.

2 My friends call me "Harry Potter."

3 Dad wants Sora to recycle the trash.

Unit 03 5형식 문장의 사역동사와 지각동사

💙 문장으로 CHECK UP
pp. 17~18

A **1** She had me carry her luggage.
2 We watched children play hide-and-seek.
3 I let John borrow my bicycle.
4 He heard someone crying.
5 Ms. Park made us introduce ourselves.

B **1** I let him drink **2** saw me crossing[cross] **3** had the students stay **4** heard the bell ring[ringing] **5** felt the wind blowing[blow] **6** She heard her son complain[complaining]

C **1** had him clean the office
2 let me have his laptop
3 helped us (to) choose a topic

4 She saw the bird eat[eating] a worm.

5 I didn't[did not] hear him go[going] out.

D 1 Alan made us look at his photos.

2 Robert heard the window break[breaking].

3 Lucy let her sister wear the skirt.

4 I watched the chef making[make] pasta.

5 He felt someone touch[touching] his shoulder.

➡️ 서술형으로 STEP UP

p. 19

- -

예제 I heard my neighbor play[playing] the guitar.

1 (1) I saw John dancing[dance] in the street.

(2) I heard Mom singing[sing] a lullaby.

(3) She smelled the eggs burning[burn].

(4) I felt something bite[biting] me.

📄 기출문제로 WRAP UP

pp. 20~21

01 The island looks like a whale.

02 (1) My alarm sounds like a siren.

(2) Perfumes smell nice.

(3) The picture looks funny.

03 Elina saw them holding[hold] hands.

04 (1) I kept my passport safe.

(2) They returned to their town.

(3) My dad cooked me cold noodles.

(4) They named their daughter Samantha.

(5) She doesn't let her child use her smartphone.

05 (1) Ryan told his biggest secret to me.

(2) Lizzy made chicken soup for her grandma.

(3) The police officer asked some questions of her.

06 Rock music helps me (to) forget my worries.

07 She lets me borrow her clothes.

08 (1) feed → to feed

(2) roughly → rough

(3) to pop → pop[popping]

09 (1) made them follow the rules

(2) She told me to stay home

(3) lent some money to my friend

10 Cathy asked Zoe to bring some food.

해설

01 '~처럼 생기다': 〈look like+명사〉

02 (1) '~처럼 들리다': 〈sound like+명사〉

(2), (3) 감각동사 뒤 주격보어 자리에는 형용사를 쓴다.

03 지각동사는 목적격보어 자리에 동사원형이나 현재분사를 쓴다.

04 (1) 5형식 문장: 〈주어+keep+목적어+형용사〉

(2) 1형식 문장: 〈주어+동사(+수식어구)〉

(3) 4형식 문장: 〈주어+수여동사+간접목적어+직접목적어〉

(4) 5형식 문장: 〈주어+name+목적어+명사〉

(5) 5형식 문장: 〈주어+사역동사+목적어+동사원형〉

05 (1) 동사 tell은 3형식으로 바꿀 때 전치사 to를 쓴다.

(2) 동사 make는 3형식으로 바꿀 때 전치사 for를 쓴다.

(3) 동사 ask는 3형식으로 바꿀 때 전치사 of를 쓴다.

06 '~가 …하도록 돕다': 〈help+목적어+(to) 동사원형〉

07 사역동사가 있는 5형식 문장: 〈주어+사역동사+목적어+동사원형〉

08 (1) 동사 want는 목적격보어 자리에 to부정사를 쓴다.

(2) 감각동사 뒤 주격보어 자리에는 형용사를 쓴다.

(3) 지각동사는 목적격보어 자리에 동사원형이나 현재분사를 쓴다.

09 (1) 사역동사는 목적격보어 자리에 동사원형을 쓴다.

(2) 동사 tell은 목적격보어 자리에 to부정사를 쓴다.

(3) 동사 lend는 3형식으로 바꿀 때 전치사 to를 쓴다.

10 Cathy는 Zoe에게 음식을 가져와 달라고 요청했으므로, 〈주어+ask+목적어+to부정사〉로 쓴다.

Unit 01 현재/과거/미래시제와 진행형

💙 문장으로 CHECK UP

pp. 25~26

A　1　Ms. Reed worked in New York
　　2　She rides a horse
　　3　The woman is going to visit us
　　4　Jacob is wearing a red hat.
　　5　I will not use plastic bags.
　　6　you called me, I was taking a shower

B　1　Our club meets　2　I will go to　3　Emma was shopping for sunglasses　4　They are going to eat dinner　5　We are writing our report

C　1　I'm[I am] cutting an apple
　　2　My mother goes for a walk
　　3　We were talking about ways
　　4　slept for five hours last night
　　5　The company will[is going to] change the plan.

D　1　I lost my suitcase last month.
　　2　Tim studies English with this book every night.
　　3　Elena will[is going to] be in college in a few years.
　　4　People are tying their running shoes.
　　5　The soccer team isn't[is not] going to play a game tonight.

➡️ 서술형으로 STEP UP

p. 27

예제　My cat broke a cup in the living room.

1　We are going to go to a museum.
2　He usually watches his favorite TV show
3　I was playing computer games with my sister.
4　I wasn't[was not] listening
5　(1) I'm[I am] having lunch.
　　(2) I didn't[did not] have time for lunch

Unit 02 현재완료

💙 문장으로 CHECK UP

pp. 29~30

A　1　have exchanged letters for three years
　　2　She has never had a concert
　　3　The men have not built the house
　　4　Have we met before?
　　5　His son has broken my smartphone.
　　6　How long have you used this laptop?

B　1　has gone home　2　I took his history class
　　3　They haven't changed the password 또는
They've not changed the password　4　Levi has just parked　5　Have you done anything

C　1　He washed the dishes
　　2　they left their home country
　　3　already given her address to me
　　4　I've[I have] taken this medicine for two years.
　　5　We've[We have] seen this movie five times.

D　1　Their plane has just arrived at the terminal.
　　2　He's[He has] painted pictures since last year.
　　3　Have we sung together before?
　　4　I haven't[have not] checked my messages yet.
　　　또는 I've not checked my messages yet.
　　5　Luna rode a roller coaster last month.

➡️ 서술형으로 STEP UP

p. 31

예제　Have you heard of

1　I've[I have] lived in Seoul
2　(1) Have you ever seen
　　(2) I've[I have] never been to Spain before.
3　She's[She has] already finished her homework.
4　(1) has driven a car
　　(2) hasn't swum in a river
　　(3) have eaten carrot cake

Unit 03 조동사

💙 문장으로 CHECK UP

pp. 33~34

A　1　This store may sell smartphone cases.
　　2　You must stand on the escalator.
　　3　You had better take your umbrella.
　　4　That man can't be a king.
　　5　Jack should apologize for his behavior.
　　6　Would you like to watch a movie together?

B 1 She must be anxious 2 They had to return home 3 He didn't have to wear 4 You had better not change 5 I would like to talk

C 1 would[used to] wet the bed
2 You can[may] put your books
3 Marisa doesn't[does not] have to go to school
4 Ava had better study for the test.
5 You shouldn't[should not] block the doorway.
또는 You mustn't[must not] block the doorway.

D 1 People must[should, have to] keep quiet in the museum.
2 There was[used to be] a gym in my school.
3 You didn't[did not] have to wait for me here.
4 The weather may be fine.
5 You'd[You had] better not play the piano at night.

🔁 서술형으로 STEP UP
p. 35

예제 We shouldn't walk on the grass.

1 You have to be careful

2 You must[should] water the plants

3 You had better not eat more ice cream

📑 기출문제로 WRAP UP
pp. 36~37

01 (1) It may be rainy
   (2) I have never met him before
02 Yes, I have. 또는 No, I haven't.
03 You'd better put your wallet in the locker.
04 (1) She wasn't[was not] doing her homework
   (2) He doesn't[does not] have to rent a car.
   (3) People threw flowers onto the stage
05 (1) Tony is going to perform
   (2) Have you seen
   (3) he must be a good actor
   (4) He won an award
06 (1) have used, for
   (2) has taken online classes since
07 (1) am waiting for
   (2) should[must] wear
   (3) practices soccer
08 has done ballet[it] for 10 years
09 (1) had to meet club members
   (2) has to post pictures on her blog
   (3) have to draw cartoons
10 (1) I went to the restaurant in 2015.
        또는 I've[I have] been to the restaurant.
   (2) You'd[You had] better not go there.

해설

01 (1) '~일지도 모른다': 〈may+동사원형〉
   (2) 경험을 나타내는 현재완료: 〈have/has v-ed〉 / never 는 주로 과거분사 앞에, before는 문장 끝에 쓴다.

02 현재완료에 대한 대답
   긍정: 〈Yes, 주어+have/has.〉
   부정: 〈No, 주어+haven't/hasn't.〉

03 '~하는 게 좋다': 〈had better+동사원형〉

04 (1) '~하고 있지 않았다'는 과거진행형의 부정: 〈was/were not v-ing〉
   (2) '~할 필요가 없다': 〈don't/doesn't have to+동사원형〉
   (3) 과거를 나타내는 말(yesterday)이 있으므로 과거시제

05 (1) '~할 것이다'라는 미래시제는 〈be going to+동사원형〉
   (2) 경험을 나타내는 현재완료 의문문: 〈Have/Has+주어+v-ed ~?〉
   (3) '~임이 틀림없다': 〈must be ~〉
   (4) 과거를 나타내는 말(last month)이 있으므로 과거시제

06 (1) 계속을 나타내는 현재완료: 〈have/has v-ed ~ (for+기간)〉
   (2) 계속을 나타내는 현재완료: 〈have/has v-ed ~ (since+시점)〉

07 (1) 현재진행형: 〈am/are/is v-ing〉
   (2) '~해야 한다': 〈should[must]+동사원형〉
   (3) 주말마다 반복되는 일이므로 현재시제

08 계속을 나타내는 현재완료: 〈have/has v-ed ~ (for+기간)〉

09 (1) 과거에 해야 했던 일이므로 〈had to+동사원형〉
   (2) 오늘 해야 하는 일이므로 〈have/has to+동사원형〉
   (3) 내일 해야 할 일이므로 〈will have to+동사원형〉

10 (1) 과거를 나타내는 말(in 2015)이 있으므로 과거시제로 쓰 거나, 과거를 나타내는 말을 삭제하고 경험을 나타내는 현 재완료로 쓴다.
   (2) had better의 부정: 〈had better not+동사원형〉

Unit 01 수동태

문장으로 CHECK UP
pp. 41~42

A 1 Good plums are grown in my hometown.
2 The engine was being repaired by him.
3 My car was stolen by a thief.
4 The story was made into a TV drama.
5 The desk will be fixed by my father.
6 Our tests are being checked by our teacher.

B 1 will be cooked by 2 is being washed
3 were painted by 4 were being wrapped in paper 5 Many videos are uploaded

C 1 will be built by citizens
2 These computers are shared by
3 The panda was born
4 The accident is being reported
5 The gym is used by many people.

D 1 The cake was baked by Jason.
2 The new trains were being introduced by them.
3 That house is owned by my uncle.
4 The problem was explained by the expert.
5 The yearbook will be published in February.

서술형으로 STEP UP
p. 43

예제 (1) She was bitten by the goat.
  (2) Your mind will be changed by this book.
  (3) I'm[I am] being followed by a cute cat.

1 (1) My restaurant is visited by many people.
  (2) was sent into space by scientists
  (3) The piano was being played by Todd.
  (4) He'll[He will] be punished by the judge.

2 (1) Hangeul was invented by King Sejong.
  (2) The man delivers packages every day.
  (3) The house is being built with bricks

문장으로 CHECK UP
pp. 45~46

A 1 When was the movie filmed?
2 The meeting was put off by the teacher.
3 Will the ceremony be held in October?
4 These flowers were not bought by him.
5 These doughnuts are filled with cream.
6 Many problems may be fixed by us.

B 1 Is Spanish spoken 2 was not served by
3 She is worried about 4 was laughed at by
5 must be turned off

C 1 is looked up to by
2 Your car can be parked
3 Lions aren't[are not] found in Europe.
4 I'm[I am] interested in wild animals.
5 Is honey made by bees?

D 1 Were the trees planted by you?
2 Olivia is pleased with our summer plans.
3 The doctor wasn't[was not] welcomed by people.
4 Every person should be treated equally.
5 Music was turned on by Jackson.

서술형으로 STEP UP
p. 47

예제 (1) are covered with[in]
  (2) wasn't[was not] prepared by

1 (1) Ice cream must be kept
  (2) This ring is made of silver

2 (1) His talent will be known to
  (2) The cats are looked after by them.

3 I wasn't invited to the party.

4 is known for

기출문제로 WRAP UP
pp. 48~49

01 (1) My suitcase was packed by me.
  (2) The plants are being watered by the gardener.
  (3) Will the program be created by you?
02 (1) is surrounded (2) are made (3) is written
03 The prince was turned into a frog by the witch.
04 (1) is satisfied with (2) be kept
  (3) isn't[is not] owned

    (4) are looked down on by

05 (1) This energy is produced by wind.
    (2) My homework can be finished soon.
    (3) Was the building closed by the man?

06 (1) for (2) about (3) in

07 (1) was invented by
    (2) will be held

08 (1) A Chinese company makes these shoes.
    (2) The fox was run over by a truck.

09 (1) The boy threw the ball.
    (2) The ball was thrown by the boy.

10 (1) What is this palace called?
    (2) It was built in 1395.

해설

01 (1) 과거시제 수동태: 〈was/were v-ed〉
    (2) 진행형 수동태: 〈be동사+being v-ed〉
    (3) 미래시제 의문문 수동태: 〈Will+주어+be v-ed?〉

02 (1) 주어가 단수이므로 is, surround의 과거분사 surrounded
    (2) 주어가 복수이므로 are, make의 과거분사 made
    (3) 주어가 3인칭 단수이므로 is, write의 과거분사 written

03 목적어 뒤에 전치사구(into a frog)가 있는 경우, 수동태 문장의 동사구(was turned) 뒤에 그대로 쓴다.

04 (1) '~에 만족하다': be satisfied with
    (2) 조동사 수동태: 〈조동사+be v-ed〉
    (3) 수동태의 부정문: 〈be동사+not v-ed〉
    (4) 동사구는 수동태로 바꿀 때 하나의 동사로 묶어서 쓴다.

05 (1) 현재시제 수동태: 〈am/are/is v-ed by+목적격〉
    (2) 조동사 수동태: 〈조동사+be v-ed〉
    (3) 수동태의 의문문: 〈(의문사+)be동사+주어+v-ed by+목적격?〉

06 (1) '~로 유명하다': be known for
    (2) '~을 걱정하다': be worried about
    (3) '~에 관심이 있다': be interested in

07 (1) 과거시제 수동태: 〈was/were v-ed by+목적격〉
    (2) 미래시제 수동태: 〈will be v-ed〉

08 (1) 수동태이므로 능동태로 바꾼다.
    (2) 능동태이므로 수동태로 바꾼다. 동사구는 수동태로 바꿀 때 하나의 동사로 묶어서 쓴다.

09 남자아이가 공을 던진 것이므로 행위자는 the boy, 대상은 the ball이다.
    (1) the boy가 주어일 때 능동의 의미이다.
    (2) the ball이 주어일 때 수동의 의미이다.

10 (1) 수동태의 의문문: 〈(의문사+)be동사+주어+v-ed?〉
    (2) 과거시제 수동태: 〈was/were v-ed〉

01 (1) waffles to his friend
    (2) a baseball glove for me

02 was created by

03 (1) This dog is owned by my neighbor.
    (2) My computer will be fixed by him.
    (3) Food was being prepared by them.
    (4) The interview was put off by our boss.

04 (1) has been in Seattle since
    (2) I have studied Spanish for
    (3) has lost her favorite toy
    (4) We have just finished

05 (1) makes furniture for a living (3형식)
    (2) Your smile makes me happy. (5형식)
    (3) My dad made me a toy train. (4형식)

06 (1) There used to be a clock tower here.
    (2) We didn't expect you to come.

07 (1) goes for a walk every Saturday morning
    (2) can't[cannot] keep my eyes open
    (3) He had his students memorize
    (4) He heard birds sing[singing]

08 (1) The farmer is picking the fruit.
    (2) The company will hire Jackson.

09 (1) Have you ever played hide-and-seek?
    (2) No, I haven't.

10 (1) in (2) about (3) with

11 (1) She told the man to go away.
    (2) He must be a soldier.
    (3) Bill has never attended art school before.
    (4) You'll[You will] have to choose your major.

12 (1) can be downloaded by anybody
    (2) saw the boy cheat on a test
    (3) helped each other solve the puzzles
    (4) had better follow his advice

13 (1) feels comfortable
    (2) tastes delicious
    (3) look mysterious

14 She[Tina] has worked for one year.

15 (1) may sound strange
    (2) don't have to bring

16 (1) were raised
    (2) are being sold

17 Food is sent to homeless people by the company.

18 him[Dan] to hand in his homework

19 You'd[You had] better not go to school

20 (1) she → her (2) 없음
    (3) 없음 (4) to play → play
    (5) call → calls

01 (1), (2) 4형식에서 3형식으로 바꿔 쓸 때 수여동사 give는 전치사 to를, buy는 for를 쓴다.

02 과거시제 수동태: 〈was/were v-ed by+목적격〉

03 (1) 현재시제 수동태: 〈am/are/is v-ed by+목적격〉
(2) 미래시제 수동태: 〈will be v-ed by+목적격〉
(3) 진행형 수동태: 〈be동사+being v-ed by+목적격〉
(4) 동사구(put off)는 수동태로 바꿀 때 하나의 동사로 묶어서 쓴다.

04 (1) 계속을 나타내는 현재완료: 〈have/has v-ed ~ (since+시점)〉
(2) 계속을 나타내는 현재완료: 〈have/has v-ed ~ (for+기간)〉
(3) 결과를 나타내는 현재완료
(4) 완료를 나타내는 현재완료 / just는 주로 과거분사 앞에 쓴다.

05 (1)~(3) 동사 make는 3, 4, 5형식으로 쓸 수 있다.

06 (1) '(과거에) ~이었다': 〈used to+동사원형〉
(2) '~가 …하기를 기대하다': 〈expect+목적어+to부정사〉

07 (1) 현재의 반복되는 일이므로 현재시제로 쓴다.
(2) '~을 …하게 유지하다': 〈keep+목적어+형용사〉
(3) '~가 …하게 시키다': 〈사역동사(have)+목적어+동사원형〉
(4) '~가 …하는 것을 듣다': 〈지각동사(hear)+목적어+동사원형/현재분사〉

08 (1), (2) by 뒤의 목적격을 주어 자리로, 주어를 목적어 자리로 옮기고, 동사는 능동태로 바꾼다.

09 (1) 경험을 나타내는 현재완료 의문문: 〈Have/Has+주어+v-ed?〉
(2) 현재완료에 대한 부정의 대답: 〈No, 주어+haven't/hasn't.〉

10 (1) '~에 관심이 있다': be interested in
(2) '~을 걱정하다': be worried about
(3) '~로 가득 차다': be filled with

11 (1) '~에게 …하라고 말하다': 〈tell+목적어+to부정사〉
(2) '~임이 틀림없다': 〈must be ~〉
(3) 경험을 나타내는 현재완료 / never는 주로 과거분사 앞에, before는 문장 끝에 쓴다.
(4) have to('~해야 한다')의 미래는 will have to

12 (1) 조동사 수동태: 〈조동사+be v-ed by+목적격〉
(2) '~가 …하는 것을 보다': 〈지각동사(see)+목적어+동사원형〉
(3) '~가 …하도록 돕다': 〈help+목적어+(to) 동사원형〉
(4) '~하는 게 좋겠다': 〈had better+동사원형〉

13 (1) '~하게 느끼다': 〈feel+형용사〉
(2) '~한 맛이 나다': 〈taste+형용사〉
(3) '~하게 보이다': 〈look+형용사〉

14 Tina가 1년 전에 일을 시작했고 지금도 일하고 있으므로 계속을 나타내는 현재완료를 쓴다.

15 (1) '~일지도 모른다': 〈may+동사원형〉 / '~하게 들리다': 〈sound+형용사〉
(2) '~할 필요가 없다': 〈don't/doesn't have to+동사원형〉

16 (1) 과거시제 수동태: 〈was/were v-ed〉
(2) 진행형 수동태: 〈be동사+being v-ed〉

17 목적어 뒤에 전치사구(to homeless people)은 수동태 문장의 동사구(is sent) 뒤에 그대로 쓴다.

18 '~가 …하기를 원하다': 〈want+목적어+to부정사〉

19 문맥상 '너는 오늘 학교에 가지 않는 게 좋겠다'이므로, had better의 부정인 had better not

20 (1) by 뒤에는 목적격을 쓴다.
(2) 계속을 나타내는 현재완료
(3) '~하게 들리다': 〈sound+형용사〉
(4) '~가 … 하게 허락하다': 〈사역동사(let)+목적어+동사원형〉
(5) 문맥상 현재시제인데, 주어가 3인칭 단수(Christine)이므로 동사 call도 3인칭 단수형으로 쓴다.

CHAPTER 04 to부정사

Unit 01 to부정사의 명사적 용법

💙 문장으로 CHECK UP
pp. 57~58

A 1 It is interesting to hear a British accent.
2 We expect to arrive around 8 p.m.
3 It is impossible for him to escape from prison.
4 I planned to read ten books a month.
5 Their goal is to win the dance contest.
6 It was rude of you to answer that way.

B 1 My daughter promised to come 2 My role is to manage 3 It is exciting to watch
4 decided not to attend 5 wise of her to save

C 1 is to build schools in Africa
2 chose not to leave
3 It was brave of you to talk
4 I wanted to surprise Eric
5 It's[It is] necessary for them to get vitamin D.

D 1 To persuade others isn't[is not] easy.
또는 It's[It is] not easy to persuade others.
또는 It isn't easy to persuade others.
2 He hopes not to meet her in the future.
3 It's[It is] generous of William to donate money.
4 It was boring for us to work as a team.
5 People need to eat healthier food.

📲 서술형으로 STEP UP
p. 59

예제 is possible for our team to win this game

1 It was difficult to collect evidence

2 They are learning to open a bank account.

3 Her hope is to be a professional golf player.

4 kind of him to help you with your homework

5 It was pleasant for us to spend time together.

Unit 02 to부정사의 형용사적·부사적 용법

💙 문장으로 CHECK UP
pp. 61~62

A 1 She must be foolish to trust them.
2 There is no Wi-Fi to connect to.
3 We were sad to say goodbye to her.
4 I need something interesting to watch.
5 My parents sent me some books to read.

B 1 to learn English 2 some money to spend
3 was surprised to see 4 many problems to think about 5 grew up to become 6 must be smart to understand

C 1 He woke up to find
2 I bought a map to hang
3 I'm[I am] sorry to hear
4 She met many friends to talk with.
5 I go to the park to[in order to, so as to] take pictures.

D 1 He doesn't[does not] have a pen to write with.
2 We gathered to[in order to, so as to] discuss the group project.
3 Give them something hot to drink, please.
4 They were upset to hear about the result.
5 I need enough time to eat breakfast.

📲 서술형으로 STEP UP
p. 63

예제 (1) to help your cousin
(2) to keep fit

1 (1) grew up to be[become] an actor
(2) in order to join the band
또는 so as to join the band
(3) must be lucky to marry you

2 (1) be diligent to keep regular hours
(2) We don't[do not] have anything to eat
(3) She needs money to buy the skirt with.
(4) My grandfather lived to be 90 years old.

Unit 03 to부정사 활용 표현

💙 문장으로 CHECK UP
pp. 65~66

A 1 I can't decide where to sit.
2 This shirt is too tight to wear.
3 Kaitlyn is old enough to drive a car.
4 He seems to know the answer to the question.
5 He runs too fast for me to catch up.
6 She didn't tell me when to start running.

B 1 know what to believe 2 seems to be nice
3 is long enough to cover 4 asked how to find
5 too cold to dive into

C 1 slowly enough to remember
2 where to buy computers

3 too spicy for young children to eat

4 Margaret seems to like Japanese food.
또는 It seems that Margaret likes Japanese food.

5 Who(m) to vote for is the biggest issue.

D 1 John seems to be busy.
또는 It seems that John is busy.

2 Dad was too tired to stay awake.

3 Mason is tall enough to reach the top shelf.

4 The notice didn't[did not] say when to sign up.

5 This film is simple enough for me to understand.

📝 서술형으로 STEP UP   p. 67

예제 Jenny seems to need a babysitter.

1 (1) Mr. Olsen seems to have a fever.
(2) My brother taught me how to ride a bike.
(3) My mother was too surprised to speak.
(4) She is smart enough to solve the problem in her head.

2 He was so funny that he could make everyone laugh.

3 (1) easy, for her to memorize
(2) slippery for them to run

🚩 기출문제로 WRAP UP   pp. 68~69

01 (1) She didn't choose what to eat.
(2) I'm strong enough to lift these dumbbells.

02 I have some more work to do.

03 It is scary for him to ride a roller coaster.

04 (1) whom to trust (2) when to play
(3) what to write

05 (1) seems to drive a big truck
(2) so tired that I can't[cannot] get out of bed
(3) where I should invest my money

06 (1) to live → to live in
(2) for you → of you

07 kind of you to carry this box

08 to wear, to take pictures with, to sit on[in]

09 to see a doctor

10 am relieved to hear that

11 (1) must be sad to cry
(2) how to be a good leader

해설

01 (1) '무엇을 ~할지': 〈what to-v〉
(2) '…할 만큼 충분히 ~한': 〈형용사+enough to-v〉

02 형용사적 용법의 to부정사: 〈(대)명사+to-v〉

03 가주어와 의미상 주어가 있는 to부정사 문장은 〈It+be동사 +형용사+for[of]+목적격+to-v〉 어순으로 쓴다.

04 (1)~(3) '누구를/언제/무엇을 ~할지': 〈whom/when/ what to-v〉

05 (1) 〈It seems that ~〉은 〈that절의 주어+seem(s)+ to-v〉로 바꿔 쓸 수 있다.
(2) 〈too+형용사/부사+to-v〉는 〈so+형용사/부사 +that+주어+can't[cannot]+동사원형〉으로 바꿔 쓸 수 있다.
(3) 〈의문사+to-v〉는 〈의문사+주어+should+동사원형〉 으로 풀어 쓸 수 있다.

06 (1) to부정사가 수식하는 명사가 전치사의 목적어일 때 to부 정사 뒤에 전치사를 쓴다.
(2) 사람의 성격·성품에 대해 말할 때 의미상 주어 앞에 전치 사 of를 쓴다.

07 사람의 성격·성품에 대해 말할 때 의미상 주어 앞에 전치사 of를 쓴다.

08 '~할'이라는 의미의 형용사 역할을 하는 to부정사는 수식하는 명사 뒤에 쓴다. / 수식하는 명사가 전치사의 목적어일 때 to 부정사 뒤에 전치사를 쓴다.

09 '~하기 위해'라는 목적을 나타내는 부사적 용법의 to부정사

10 '~해서'라는 감정의 원인을 나타내는 부사적 용법의 to부정사

11 (1) to부정사가 판단의 근거로 쓰일 때 조동사 must와 함께 자주 쓴다.
(2) '어떻게 ~할지': 〈how to-v〉

CHAPTER 05 동명사와 분사

Unit 01 동명사

🧡 문장으로 CHECK UP

pp. 73~74

A 1 Victor's hobby is collecting insects.
　2 She stopped eating chocolate cake.
　3 Madison is worried about failing the test.
　4 Being punctual shows a good attitude.
　5 You should practice shooting the ball.
　6 I cannot help supporting her suggestion.

B 1 goes fishing　2 Going for a walk helps
　3 not selling your bike　4 tried to find
　5 I am busy writing

C 1 waking[to wake] up early
　2 Let's keep studying
　3 Elsa remembered reading the news.
　4 We look forward to meeting you.
　5 Brian loves playing[to play] outside.

D 1 You shouldn't[should not] forget to close the door.
　2 He was proud of wearing a medal.
　3 We decided to go out for dinner.
　4 Washing the dishes is my brother's job.
　5 The art museum isn't[is not] worth visiting.

➡️ 서술형으로 STEP UP

p. 75

예제 She is good at solving

1 (1) remember to call
　(2) is afraid of making
　(3) avoid fighting with

2 I don't[do not] feel like trying it.

3 I forgot to turn off the air conditioner.

Unit 02 분사

🧡 문장으로 CHECK UP

pp. 77~78

A 1 That smiling woman is my aunt.
　2 He is wearing a jacket made in China.
　3 The last episode was disappointing.
　4 I smelled the toast burning.

　5 The police found the stolen car.

B 1 The painted walls　2 We were shocked
　3 the people sitting　4 filled with dried roses
　5 an interesting book last week　6 girl holding, looks excited

C 1 the sleeping cat
　2 ignored the boring video
　3 I kept her waiting
　4 I have a friend named Bob.
　5 The surprised woman had to sit down.

D 1 The man picked up the crying baby.
　2 She received a letter written in English.
　3 We added chopped onions into the pot.
　4 A broken mirror is considered bad luck.
　5 I saw some dogs lying[lie] on the grass.

➡️ 서술형으로 STEP UP

p. 79

예제 studying

1 looking, satisfied

2 throwing, surprising, covered

3 (1) was amazing
　(2) called "Mystery" was disappointing
　(3) I felt bored

Unit 03 분사구문

🧡 문장으로 CHECK UP

pp. 81~82

A 1 Winning the prize, she bought us dinner.
　2 Listening to the radio, I wrote in my diary.
　3 Never eating junk food, I'm very healthy.
　4 Turning left, you will find the hospital.
　5 Getting hungry, we ordered some food.
　6 Traveling around Europe, they took many photos.

B 1 Being sick　2 Paying for dinner　3 Boiling the water　4 Asking lots of questions　5 Not sleeping deeply

C 1 Needing help
　2 Not wanting to drive
　3 Riding a skateboard with his friends
　4 Washing my hands, I put on lotion.
　5 Eating[Having] raw fish, you should be careful.

D 1 Walking on the road, the child ate an apple.
　2 Not having a heater, I got a cold.
　3 Helping[If you help] others, you'll[you will] feel better about yourself.

4 Watching[After they watched] the movie, they came back home.

5 Feeling cold, we drank a cup of hot tea.

→ 서술형으로 STEP UP

p. 83

예제 Looking up at the sky, I saw a rainbow.

1 (1) Waiting for the bus
(2) Not having any money
(3) Opening the refrigerator
(4) Going straight ahead

2 (1) After I finished my homework
(2) If you take this bus
(3) Because he didn't[did not] know her address

⊫ 기출문제로 WRAP UP

pp. 84~85

01 (1) cooked (2) getting
(3) broken (4) buying

02 (1) doing the laundry
(2) to clean my room

03 Growing flowers is my hobby.
또는 My hobby is growing flowers.

04 (1) Because I didn't[did not] follow the signs
(2) After he downloaded the train tickets
(3) If you join the club

05 taking the subway was confusing

06 (1) are satisfied
(2) I'm[I am] interested in writing
(3) remember seeing

07 (1) to bring (2) putting
(3) not leaving (4) lost

08 calling → called

09 (1) Eating a snack, you'll[you will] have more energy.
(2) Not wanting to be lazy, they went to the gym.

10 (1) Walking (2) singing[sing] (3) singing
(4) scared (5) to get out

해설

01 (1) 음식이 '요리되었다'는 수동·완료의 의미이므로 과거분사
(2) hate는 동명사와 to부정사 모두를 목적어로 쓰는데, 단어 수에 맞게 getting
(3) 탁자가 '부러졌다'는 수동·완료의 의미이므로 과거분사
(4) '~하기를 기대하다': 〈look forward to v-ing〉

02 (1) finish는 동명사를 목적어로 쓴다.
(2) need는 to부정사를 목적어로 쓴다.

03 문맥상 '꽃을 기르는 것이 내 취미다(내 취미는 꽃을 기르는 것이다)'이므로 주어 또는 보어 자리에 동명사를 쓴다.

04 (1)~(3) 문맥에 맞는 접속사를 고르고, 주절의 주어와 시제에 맞춰 부사절의 주어와 동사를 쓴다.

05 지하철을 타는 것이 감정을 일으키므로 현재분사

06 (1) 고객들이 감정을 느끼므로 과거분사
(2) 내가 감정을 느끼므로 과거분사 / 전치사(in)의 목적어는 동명사를 쓴다.
(3) '~했던 것을 기억하다': 〈remember v-ing〉

07 (1) '~할 것을 잊다': 〈forget to-v〉
(2) '~하고 싶다': 〈feel like v-ing〉
(3) 전치사(about)의 목적어는 동명사를 쓴다. / 동명사의 부정: 〈not+동명사〉
(4) 개가 '분실되었다'는 수동·완료의 의미이므로 과거분사

08 내 사촌이 Scott이라고 '불린다'는 수동·완료의 의미이므로 과거분사

09 (1) 조건을 나타내는 분사구문
(2) 분사구문의 부정: 〈not+분사〉

10 (1) 문맥상 '내가 숲 속으로 들어갔을 때'라는 의미이므로 〈When I walked ~〉를 분사구문으로 바꿔 쓴다.
(2) 새들이 '노래하고 있는' 능동·진행의 의미이므로 현재분사 (지각동사 hear의 목적격보어이므로 동사원형도 가능)
(3) 문맥상 '~하는 것을 멈추다'는 의미이므로 〈stop v-ing〉
(4) 내가 감정을 느끼므로 과거분사
(5) want는 to부정사를 목적어로 쓴다.

Unit 01 부정대명사

🔷 문장으로 CHECK UP

pp. 89~90

A 1 Do you have any friends in this school?
2 My glasses were broken. I have to buy new ones.
3 Some rings are silver, and others are gold.
4 One was scary, and the others were funny.
5 One is red, another is black, and the other is yellow.

B 1 some hot cocoa 2 Anyone[Anybody] can solve 3 I can't[cannot] find it 4 One is, the other 5 Some are, others are

C 1 doesn't[does not] have any plans
2 is something in my throat
3 Do you have one?
4 others like fall
5 One is a soccer ball, and the other is a baseball.

D 1 Someone[Somebody] stole my new bike.
2 Ms. Kim lost her scarf, so she bought a new one.
3 I found Jessica's cat and returned it to her.
4 He can't[cannot] eat anything because of his stomachache.
5 One was history, another was math, and the other was art.

➡️ 서술형으로 STEP UP

p. 91

예제 another is, the others are

1 (1) One, the other
(2) One, another, the other
(3) One, the others
(4) Some, others
(5) Some, the others

Unit 02 부정대명사와 재귀대명사

🔷 문장으로 CHECK UP

pp. 93~94

A 1 All the furniture was covered with dust.
2 I used to talk to myself.
3 Some of the eggs were cracked.
4 The man carried the heavy box by himself.
5 Most polar bears live near the North Pole.

B 1 One of, is mine 2 know every person
3 Aurora dressed herself 4 Each of, answers is
5 Peter enjoyed himself 6 Both of us go to

C 1 Some of the milk is used
2 Bats hide themselves
3 passenger is wearing
4 Many of them are
5 The teacher praised each student.

D 1 Both teams are ready to win.
2 Are you ashamed of yourself?
3 Most of my work is finished.
4 Mr. York seated himself on the couch.
5 All of the children have name tags.

➡️ 서술형으로 STEP UP

p. 95

예제 I cut myself yesterday.
또는 Yesterday, I cut myself.

1 (1) Each ticket is checked at the entrance.
(2) Every room of the house is clean.

2 (1) One of his hobbies is making model airplanes.
(2) Most of the model airplanes fly well.

Unit 03 형용사와 부사

🔷 문장으로 CHECK UP

pp. 97~98

A 1 I bought a few onions.
2 We have little money to spend.
3 I did my homework very well.
4 Isabelle hardly wears that pink dress.
5 I put a little cheese on the bread.
6 He didn't know anyone nice in the town.

B 1 will never behave rudely 2 a little, lots of flour 3 usually goes for a walk 4 is always lively 5 a lot of difficult questions

C
1 My friends are always honest
2 much[a lot of, lots of] rice in my bowl
3 often drinks warm milk
4 My new blanket is very soft.
5 The company has a few employees.

D
1 Gavin has many[a lot of, lots of] neckties in his closet.
2 He did something fun with the prize money.
3 Few tigers live in the mountains.
4 Jamie was completely right about Danny.
5 This restaurant rarely has good soup.

📇 서술형으로 STEP UP

p. 99

예제 (2) : The train always comes late.

1 (2) : Jay has surprisingly long hair.

2 (3) : There is little salt in the stew.

3 (1) crowd → crowded
  (2) famously → famous

📇 기출문제로 WRAP UP

pp. 100~101

01 (1) I can't drink anything cold.
   (2) I taught myself how to swim.
02 (1) any (2) both
03 (1) us → ourselves
   (2) is → are
   (3) other → the other
04 One, another, the other is melon
05 (1) Every boy in this town wants
   (2) We have little time
   (3) There are a few cookies
   (4) Some of, the others
06 (1) Each of them has an umbrella.
   (2) Both of us are studying in France.
07 took a picture of themselves
08 (1) It (2) one
09 Some[some]
10 (1) some → someone[somebody]
   (2) somebody → anybody[anyone]

해설

01 (1) -thing으로 끝나는 대명사는 형용사가 뒤에서 수식한다.
   (2) '독학하다': 〈teach oneself〉
02 (1) any는 주로 부정문에서 사용한다.
   (2) 복수명사 앞에 쓸 수 있는 대명사 중 문맥상 종이의 양면을 나타내는 단어는 both
03 (1) 주어가 주어 자신에게 행위를 할 때 목적어 자리에 재귀대명사를 쓴다.
   (2) 〈Most of+복수명사〉는 복수 취급

(3) '나머지 하나'는 the other로 쓴다.

04 세 개의 아이스크림을 하나씩 가리키므로 대명사 one, another, the other를 쓴다.

05 (1) 〈every+단수명사〉는 단수 취급
   (2) '거의 없는': 〈little+셀 수 없는 명사〉
   (3) '조금 있는': 〈a few+셀 수 있는 명사의 복수형〉
   (4) '~ 중 몇몇'은 some of, '나머지 모두'는 the others로 쓴다.

06 (1) 〈each of+복수명사〉는 단수 취급
   (2) 〈both of+복수명사〉는 복수 취급

07 '자기 자신의 사진을 찍다': take a picture of oneself

08 It은 앞서 언급된 특정한 것을, one은 앞서 언급된 명사와 같은 종류이지만 불특정한 것을 가리킬 때 쓴다.

09 some은 '몇몇(의)'라는 의미의 대명사 및 형용사로, 주로 긍정의 평서문, 권유문에 쓴다.

10 '어떤 사람, 누군가'라는 의미이므로 someone[somebody]로 쓰고, 부정문에서 '아무'는 anybody[anyone]으로 쓴다.

CHAPTER 07 비교

Unit 01 원급, 비교급, 최상급

🔖 문장으로 CHECK UP
pp. 105~106

A 1 Your car can carry as much as my car.
  2 He drives less carefully than his wife.
  3 This ring is not as shiny as that one.
  4 Lucy is the wisest person in my family.
  5 Alexander's feet are a lot bigger than mine.
  6 Movies are more entertaining than comic books.

B 1 the most famous river 2 learns languages as easily as 3 can fly the highest 4 is much better than 5 not as[so] beautiful as you

C 1 less dangerous than
  2 February is the shortest month
  3 isn't[is not] as[so] light as
  4 I swim a lot faster than Lily (does).
  5 She gets up as early as her grandmother (does).

D 1 Our office is as hot as a sauna.
  2 Oliver is the most creative worker of the three.
  3 Their behavior was much[far, a lot] worse than their words.
  4 Her glasses are thicker than mine.
  5 The pacific is the largest ocean in the world.

🔖 서술형으로 STEP UP
p. 107

예제 (1) taller than (2) shorter than

1 (1) is the oldest
  (2) younger than
  (3) am the youngest

2 (1) as cheap as
  (2) more expensive than
  (3) the most expensive

Unit 02 비교 표현

🔖 문장으로 CHECK UP
pp. 109~110

A 1 She was one of the greatest leaders

  2 Pizza is more delicious than any other food
  3 The temperature started to drop lower and lower.
  4 That building is twice as tall as the house.
  5 Jackson became more and more tired.
  6 The more you smile, the happier you will be.

B 1 angrier and angrier 2 The more, the more
  3 one of the softest chairs 4 four times older than 5 other person, as[so] loud as

C 1 No other player, as[so] far as Patrick
  2 one of the scariest shows on TV
  3 is ten times bigger than this boat
  4 The more she exercises, the healthier she becomes.
  5 The dough grew stickier and stickier.

D 1 The closer he came, the more nervous I became.
  2 That is nicer than any other car in the city.
  3 I eat half as much as my husband.
  4 The story is getting more and more boring.
  5 The South Pole is one of the coldest places on earth.

🔖 서술형으로 STEP UP
p. 111

예제 one of the closest friends

1 (1) growing better and better
  (2) three times as thick as
  (3) The deeper, the darker
  (4) more and more difficult

2 (1) the hottest place
  (2) as[so] exciting as
  (3) more interesting than any other book

🔖 기출문제로 WRAP UP
pp. 112~113

01 as slowly as
02 (1) warmer than
   (2) colder than
03 the greatest time
04 (1) very → much[far, a lot]
   (2) fat and fat → fatter and fatter
   (3) job → jobs
05 Flying can be less expensive than the KTX.
06 (1) the worst (2) longer than
   (3) as short as (4) the best
07 (1) not as[so] honest as
   (2) The harder, the more successful
   (3) more important than any other

08 three times as long as

09 (1) is not as[so] popular as baseball

(2) is far more popular

(3) getting more and more popular

해설

01 '…만큼 ~하게': 〈as+부사의 원급+as〉

02 '…보다 더 ~한': 〈형용사의 비교급+than〉

03 great의 최상급은 greatest

04 (1) 비교급 강조는 much, far, a lot을 사용한다.

(2) '점점 더 ~한': 〈비교급+and+비교급〉

(3) '가장 ~한 것들 중 하나': 〈one of the+최상급+복수명사〉

05 '…보다 덜 ~한': 〈less+형용사의 원급+than〉

06 (1), (4) 〈the+최상급〉

(2) 〈비교급+than〉

(3) 〈as+원급+as〉

07 (1) '…만큼 ~하지 않은': 〈not as[so]+형용사의 원급 +as〉

(2) '~하면 할수록 더 …한/하게': 〈the+비교급, the+비교급〉

(3) '다른 어떤 …보다 더 ~하다'는 any other를 써서 표현할 수 있다.

08 '…의 몇 배로 ~한': 〈배수사+as+원급+as〉

09 (1) '…만큼 ~하지 않은': 〈not as[so]+형용사의 원급 +as〉

(2) far를 비교급 앞에 써서 비교급을 강조할 수 있다.

(3) '점점 더 ~해지다': 〈get+비교급+and+비교급〉

01 (1) to return this card

(2) It's[It is] helpful to study

02 any, some

03 (1) My friend is as tall as his father.

(2) The more we argued, the angrier he became.

04 (1) fallen (2) flying (3) baked

05 (1) did better than

(2) the highest, of

06 I forgot lending them to her.

07 (1) visit → visiting

(2) more famous and famous → more and more famous

(3) spicy something → something spicy

08 the others are black

09 (1) three times more expensive

(2) four times as long as

10 (1) I want to buy a few

(2) Each student has

(3) He cut himself

(4) too hot for me to go outside

11 (1) Not having time

(2) Taking the bus

(3) Listening to music

12 Mandy didn't feel like going to school.

13 There was a boy wearing a blue coat.

14 (1) : Folding napkins is my job.

(3) : It is easy for me to drive a big car.

15 (1) sitting at the table

(2) tying up her hair

(3) writing a letter

(4) eating fried eggs

16 (1) not as[so] small

(2) seems to speak French

(3) so hard that it can break

(4) other teacher, is as[so] funny as

17 (1) bored (2) carrying (3) surprised

18 (1) Some of the pens are

(2) how to speak English

(3) Every student, is Korean

(4) Both of my parents are

19 (1) They need a house to live in.

(2) Noah bought postcards to put on the wall.

해설

01 (1) promise는 to부정사를 목적어로 쓴다.

(2) 가주어 It과 진주어인 to부정사를 쓴다.

02 셀 수 없는 명사(butter)와 쓸 수 있는 부정대명사[부정형용사] 중 문맥에 알맞은 것은 some과 any이다. 부정문에서는 주로 any를, 긍정문에서는 주로 some을 사용한다.

03 (1) '…만큼 ~한': 〈as+형용사의 원급+as〉
　　(2) '~하면 할수록 더 …한/하게': 〈the+비교급, the+비교급〉

04 (1) 나뭇잎이 '떨어진'이라는 수동·완료의 의미이므로 과거분사
　　(2) 풍선이 '날고 있는'이라는 능동·진행의 의미이므로 현재분사
　　(3) 감자가 '구워진'이라는 수동·완료의 의미이므로 과거분사

05 (1) '…보다 더 ~하게': 〈부사의 비교급+than〉
　　(2) '… 중에서 가장 ~한': 〈the+형용사의 최상급 ~ of+비교 대상〉

06 '~했던 것을 잊다'는 의미로 과거 내용에 대해 말할 때는 〈forget v-ing〉를 쓴다.

07 (1) '~하기를 기대하다': 〈look forward to v-ing〉
　　(2) famous는 비교급의 형태가 〈more+원급〉이므로 〈more and more+원급〉으로 쓴다.
　　(3) -thing으로 끝나는 대명사는 형용사가 뒤에서 수식한다.

08 6대 중 2대를 제외한 나머지 모두는 검은색이므로 the others를 쓴다.

09 (1), (2) '…의 몇 배로 ~한/하게': 〈배수사+비교급+than〉 또는 〈배수사+as+원급+as〉

10 (1) want는 to부정사를 목적어로 쓴다. / '조금 있는'의 의미이면서 셀 수 있는 명사 앞에 쓸 수 있는 것은 a few
　　(2) 〈each+단수명사〉는 단수 취급
　　(3) '베이다': cut oneself
　　(4) '~가 …하기에 너무 ~한': 〈too+형용사+for+의미상 주어+to-v〉

11 (1) 분사구문의 부정: 〈not+분사〉
　　(2) 조건을 나타내는 분사구문
　　(3) 시간을 나타내는 분사구문 / 동사가 진행형일 때 보통 be동사는 생략한다.

12 '~하고 싶다': 〈feel like v-ing〉

13 소년이 코트를 '입고 있는'이라는 능동·진행의 의미이므로 wear를 현재분사로 쓰며, 명사를 수식하는 분사에 수식어구가 붙어 길어지면 명사 뒤에 쓴다.

14 (1) 동명사는 단수 취급
　　(3) 사람의 성격·성품에 대해 말할 때 의미상 주어로 〈of+목적격〉을 쓰고, 일반적으로는 〈for+목적격〉을 쓴다.

15 (1)~(3) 수식하는 명사와 능동의 관계일 때 현재분사를 쓰며, 분사에 수식어구가 붙어 길어지면 명사 뒤에 쓴다.
　　(4) 현재분사는 진행형에도 쓰이며, 내용상 달걀이 '튀겨진'이라는 수동·완료의 의미이므로 fry를 과거분사로 쓴다.

16 (1) '…만큼 ~하지 않은': 〈not as[so]+형용사의 원급+as〉
　　(2) 〈It seems that+주어+동사〉 = 〈주어+seem(s) to-v〉
　　(3) 〈형용사+enough to-v〉 = 〈so+형용사+that+주어+can[could]+동사원형〉

17 (1), (3) 내가 감정을 느끼므로 과거분사
　　(2) 남자가 짐을 '들고 있는'이라는 능동·진행의 의미이므로 현재분사

18 (1) 〈some of+복수명사〉는 복수 취급
　　(2) '어떻게 ~하는지': 〈how to-v〉
　　(3) 〈every+단수명사〉는 단수 취급
　　(4) 〈both of+복수명사〉는 복수 취급

19 (1) to부정사가 수식하는 명사가 전치사의 목적어일 때 to부정사 뒤에 전치사를 쓴다.

(4) 원급과 비교급으로 최상급의 의미를 나타낼 수 있다.

Unit 01   등위접속사와 상관접속사

❤ 문장으로 CHECK UP

pp. 121~122

A   **1**   Wendy slipped on ice and hurt her knee.
     2   Either Aiden or I will send you an email.
     3   He went to the store, but it was closed.
     4   Both Jiwon and Suho are my classmates.
     5   She arrived early so that she could get a good seat.

B   **1**   so happy that she kept   **2**   visit Vincent or go shopping   **3**   not a singer but a guitarist
     4   neither buy nor drive   **5**   as well as a cap
     6   It was sunny, so

C   **1**   Did you print out and submit
     2   saved money so that she could go to Japan
     3   choose (either) yoga or boxing
     4   The tall man is not my father but my uncle.
     5   Not only Tommy but also his brothers have a fever.

D   **1**   Neither James nor I am in the reading club.
     2   It was so cold that I had a headache.
     3   You can (either) write an essay or paint a picture.
     4   Both zebras and cheetahs have patterns on their fur.
     5   That movie was unknown, but it won an Academy Award.

➡ 서술형으로 STEP UP

p. 123

예제   so lucky that he met

1   (1) not only vitamins but also minerals
      (2) minerals as well as vitamins

2   so expensive that I can't[cannot] go to

3   (1) so that I can stay in shape
      (2) Both Janet and Fred live in Canada.
      (3) My aunt as well as my parents loves me.
      (4) He neither plays golf nor goes swimming.

❤ 문장으로 CHECK UP

pp. 125~126

A   **1**   fell asleep as soon as he lay down
     2   After we won the game, we celebrated
     3   I believe that Bethany plays the drums well.
     4   If they are late, the teacher will be angry.
     또는 The teacher will be angry if they are late.
     5   He couldn't see the movie because of his age.
     또는 Because of his age, he couldn't see the movie.

B   **1**   is that we need   **2**   Because[As/Since] it was hot   **3**   It is important that
     4   Although[Though] Jane was tired   **5**   if the baby is, or   **6**   until[till] the price goes down

C   **1**   while he washed[was washing] the dishes
     2   Before you send the letter,
     3   is that I've[I have] never met Sarah
     4   I know (that) you had a fight
     5   When[As] you leave the hotel, return the keys.
     또는 Return the keys when[as] you leave the hotel.

D   **1**   Because the weather was nice, we went to the park.
     2   Do you know if Andy and John are brothers (or not)?
     3   When I was little, my favorite movie was *The Little Mermaid*.
     4   Marley forgot to walk the dog while I was away.
     5   Unless you run, you'll miss the airport bus.
     또는 If you don't[do not] run, you'll miss the airport bus.

➡ 서술형으로 STEP UP

p. 127

예제   If it rains tomorrow 또는 If it's[it is] rainy tomorrow

1   (1) Because the traffic is bad
      (2) until you arrive
      (3) Unless he studies hard
      (4) when the movie[film] ended
      (5) that I broke your cup
      (6) Though it was cold

01 (1) so that (2) because of
(3) as soon as (4) even though
02 (1) will leave before you wake up
(2) will knit a sweater while you are at work
(3) Not only Anne but also her sisters like his songs.
03 (1) are → is
(2) feel → felt
04 After Ethan has breakfast 또는 Before Ethan goes to the swimming pool
05 not Italian but
06 (1) The singer both sings and dances
(2) If I buy a new watch
(3) Veronica is so active that she goes jogging
07 I know that his story is true.
08 The raincoat is beautiful as well as strong.
09 (1) two dogs as well as three cats
(2) Both, and, like bananas
(3) nor his father speaks Korean
(4) so that I could concentrate
10 (3) : My dad wants to be healthy, so he neither drinks nor smokes.

해설

01 (1) '~하기 위해서': 〈so that+주어+동사〉
(2) '~ 때문에': 〈because of+명사(구)〉
(3) '~하자마자': 〈as soon as+주어+동사〉
(4) '비록 ~일지라도': 〈even though+주어+동사〉
02 (1), (2) 시간의 부사절에서는 미래를 나타내더라도 현재시제를 쓴다.
(3) 'A뿐만 아니라 B도': 〈not only A but also B〉
03 (1) 〈Either A or B〉는 B에 동사의 수 일치
(2) 과거의 일이므로, 주절도 과거시제로 쓴다.
04 일정표 시간에 맞게 〈접속사+주어+동사〉로 쓴다.
05 'A가 아니라 B인': 〈not A but B〉
06 (1) 'A와 B 둘 다': 〈both A and B〉 / A와 B의 형태와 구조가 같아야 한다.
(2) '만약 ~라면': 〈If+주어+동사〉 / 조건의 부사절에서는 미래를 나타내더라도 현재시제를 쓴다.
(3) '너무 ~해서 …하다': 〈so+형용사/부사+that절〉
07 동사 know의 목적어로 접속사 that이 이끄는 명사절을 쓸 수 있다.
08 'A뿐만 아니라 B도': 〈B as well as A〉
09 (1) 〈not only A but also B〉 = 〈B as well as A〉
(2) 'A와 B 둘 다': 〈both A and B〉 / 항상 복수 취급
(3) 'A도 B도 아닌': 〈neither A nor B〉 / B에 동사의 수 일치

(4) '~하기 위해서': 〈so that+주어+동사〉
10 상관접속사로 연결된 두 대상은 형태와 구조가 같아야 한다.

CHAPTER

09   관계사

Unit 01   관계대명사

♥ 문장으로 CHECK UP   pp. 133~134

A   **1** People who talk loudly annoy me.
    2 She is the woman whose passport was stolen.
    3 Steve is a friend whom I can trust.
    4 The essay which Vicky wrote was interesting.
    5 She is the girl whose father owns this store.
    6 I've found a restaurant that serves organic food.

B   **1** who[that] is wearing glasses   **2** which[that] Zach wants to drive   **3** a horse which[that] runs   **4** whose wheels are   **5** The students who(m)[that] you invited

C   **1** the house whose roof is red
    2 (which[that]) she cooked was delicious
    3 read the card which[that] came yesterday
    4 The painter (who(m)[that]) I admire the most is
    5 I know the woman who[that] lives upstairs.

D   **1** The country (which[that]) I miss is France.
    2 I met the man who[that] painted that picture.
    3 Jessy likes that singer whose voice is deep.
    4 I sold the houses that[which] are near the beach.
    5 She interviewed the candidate (who(m)[that]) everyone likes.

↪ 서술형으로 STEP UP   p. 135

예제 want to have a robot which can clean my room

1 (1) knows a man who owns a helicopter
(2) which I use every day is very comfortable
(3) are following the clown who is riding a unicycle

2 (1) who(m) I teach English to is Tom
(2) is a student whose goal is to be a doctor
(3) you see the big bird which is flying in the sky

Unit 02 관계대명사 that/what, 관계부사

문장으로 CHECK UP

pp. 137~138

A 1 What he needs is a good friend.
   2 Monday is the day when I have cello class.
   3 Did you understand what she said?
   4 Let's go to the place where you lost your phone.
   5 He is the first person that crossed the Atlantic Ocean.

B 1 where Debbie was treated   2 that are taking a break   3 my mom what I want   4 the moment when she won   5 that Kevin is washing   6 is what they bought

C 1 what I ordered 또는 the thing (which[that]) I ordered
   2 anything (that) you need
   3 when many people go on vacation
   4 where basketball was invented
   5 What we saw was shocking. 또는 The thing (which[that]) we saw was shocking.

D 1 What she said was very funny. 또는 The thing (that[which]) she said was very funny.
   2 I visited the company where Jenny works.
   3 What he is making looks really good.
   4 I'd like to see what you found. 또는 I'd like to see the thing (which[that]) you found.
   5 Harry remembers the day when he met Lily for the first time.

서술형으로 STEP UP

p. 139

예제 what you bought / which[that] I'm wearing

1 (1) What Brian[he] sent me
   (2) what she wants
   (3) What I am painting

2 (1) when she graduated from high school
   (2) where he went last weekend

기출문제로 WRAP UP

pp. 140~141

01 that
02 the cake which[that] Nicole baked
03 (1) That man is the actor whom I saw yesterday.
    (2) It's the empty house whose windows are broken.

04 (1) The town which I visited last year
    (2) the day when I entered the university
05 What it means
06 where my grandparents live
07 (2) : which[that]
08 That girl who said hello to me is
09 (1) The train which[that] runs every day goes along the beach.
    (2) She wants a blouse whose sleeves are long.
10 an English rock band that sang many famous songs
11 (1) which[that] I left on the desk
    (2) who(m)[that] we met yesterday

해설

01 선행사에 최상급, all 등이 있거나 선행사가 〈사람＋동물〉일 때는 주로 관계대명사 that을 쓴다.

02 선행사가 사물(the cake)이고 관계사절 내에서 목적어 역할을 하므로 목적격 관계대명사 which[that]을 쓴다.

03 (1) 목적격 관계대명사 whom이 이끄는 관계사절이 선행사 the actor를 수식한다.
    (2) 소유격 관계대명사 whose가 관계사절 내에서 명사 (windows)를 수식한다.

04 (1) 선행사가 사물(The town)이고 관계사절 내에서 목적어 역할을 하므로 목적격 관계대명사 which를 쓴다.
    (2) 선행사가 시간을 나타내는 명사(the day)이고 관계사절 내에서 부사 역할을 하므로 관계부사 when을 쓴다.

05 문장의 주어로 '～한 것'의 뜻인 선행사를 포함하는 What이 이끄는 관계대명사절을 쓴다.

06 선행사가 장소를 나타내는 명사(the town)이고 관계사절 내에서 부사 역할을 하므로 관계부사 where를 쓴다.

07 선행사가 장소를 나타내는 명사(the café)이나, 관계사절에서 주어 역할을 하므로 주격 관계대명사 which[that]을 쓴다.

08 선행사가 사람(That girl)이고 관계사절 내에서 주어 역할을 하므로 주격 관계대명사 who를 쓴다.

09 (1) 문장의 주어이자 선행사인 The train이 '매일 운행하는' 이라는 관계사절의 수식을 받는 형태로 쓴다.
    (2) 문장의 목적어이자 선행사인 a blouse가 관계사절 내에서 명사(sleeves)를 수식하는 소유격 역할을 하므로 소유격 관계대명사 whose를 쓴다.

10 문장의 보어 자리에 그들이 누구였는지 말해주는 대표 단어 (an English rock band)를 쓰고, 관계대명사절이 그것을 수식하는 형태로 쓴다.

11 (1) 선행사가 사물(the notebook)이고 관계사절 내에서 목적어 역할을 하므로 목적격 관계대명사 which[that]을 쓴다.
    (2) 선행사가 사람(the girl)이고 관계사절 내에서 목적어 역할을 하므로 목적격 관계대명사 who(m)[that]을 쓴다.

CHAPTER 10 여러 가지 문장

Unit 01 의문문

문장으로 CHECK UP
pp. 145~146

A 1 Was this play written by Shakespeare?
2 When is the movie going to end?
3 I wonder where she is.
4 Did Marcus join the soccer team?
5 How did you get to New York?

B 1 What do you like about 2 asked me who called 3 know when the class starts 4 Does he always practice 5 if[whether] I locked the door 6 Were you at the mall

C 1 What will you do
2 where I left my keys
3 Are my socks in the drawer?
4 Did they find out who stole the money?
5 Erica doesn't[does not] know if[whether] this seat is empty.

D 1 I wonder why he's[he is] crying.
2 Where can I find yogurt and cheese?
3 My uncle asked me if[whether] I was hungry.
4 Does she know my name?
5 How loudly was he playing his music?

서술형으로 STEP UP
p. 147

예제 Where did you put it?

1 (1) when the next meeting is
(2) who sent the flowers
(3) how the girl survived (in the jungle)
(4) if[whether] Jimmy has a history textbook

2 (1) (Because) He[Danny] was sleeping
(2) did Danny[he] go to bed

Unit 02 가정법과 명령문

문장으로 CHECK UP
pp. 149~150

A 1 I wish I lived in a palace.
2 Love yourself, and others will love you.
3 If I were taller, I could reach that top shelf.

4 If Heather took this class, we could study together.
5 Write it bigger, or people will miss it.

B 1 Don't forget to tell 2 they were nicer
3 and you'll win a medal 4 Leave now, or I'll call 5 would live in the country

C 1 or your eyes will hurt
2 Push this button, and
3 I wish I knew her phone number.
4 If I were you, I wouldn't[would not] buy that car.
5 If you didn't[did not] like him, you wouldn't[would not] be here.

D 1 Don't[Do not] make any noise during the play.
2 Hold your mom's hand, or you'll[you will] get lost.
3 If I finished the project, I would graduate this year.
4 Place your finger here, and the door will open.
5 I wish my parents weren't[were not] busy.

서술형으로 STEP UP
p. 151

예제 you take a warm bath, you'll[you will] feel better

1 (1) trusted him, could tell
(2) weren't cold, would go
(3) I wish I had
(4) could get, if she spoke

2 (1) and you'll[you will] feel refreshed
(2) Go to bed early
(3) you don't[do not] call her now, you'll[you will] regret it
(4) you take the subway, you'll[you will] be late

기출문제로 WRAP UP
pp. 152~153

01 (1) I wish it were sunny.
(2) Did she go to the hospital yesterday?
(3) How can I get to your house?
02 (1) I'm not sure if[whether] John has this book.
(2) I have no clue what he bought at the store.
(3) Tell me where my glasses are.
03 I wish I had a brother like you.
04 (1) Don't[Do not] waste your time.
(2) Wear a helmet, and you'll[you will] be fine.

(3) Leave now, or you'll[you will] miss the train.

05 don't[do not] touch the paintings

06 (1) If you walk for 30 minutes every day,

(2) If you don't[do not] stay inside the building, 또는 Unless you stay inside the building,

07 If I owned a dog, I would go for a walk with it.

08 (1) will → would (2) did I see → I saw

(3) did write → wrote

09 why do they spend

10 They should sleep at least 8 hours.

해설

01 (1) '~라면 좋을 텐데': 〈I wish+가정법 과거〉

(2) 〈Do[Does/Did]+주어+동사원형 ~?〉

(3) 〈의문사+조동사+주어+동사원형 ~?〉

02 (1) 의문사가 없는 간접의문문은 〈if[whether]+주어+동사〉 어순으로 쓴다.

(2), (3) 의문사가 있는 간접의문문은 〈의문사+주어+동사〉 어순으로 쓴다.

03 '~라면 좋을 텐데': 〈I wish+가정법 과거〉

04 (1) '~하지 마라': 〈Don't[Do not]+동사원형〉

(2) '~해라, 그러면 …할 것이다': 〈명령문, and …〉

(3) '~해라, 그러지 않으면 …할 것이다': 〈명령문, or …〉

05 〈Don't[Do not]+동사원형〉은 '~하지 마라'라는 뜻의 부정 명령문이다.

06 (1), (2) 〈명령문, and/or …〉 = 〈If ~ (not) 또는 Unless ~, 주어+will …〉

07 가정법 과거는 〈If+주어+동사의 과거형, 주어+would+동사원형〉 어순으로 쓴다.

08 (1) 가정법 과거: 〈If+주어+동사의 과거형, 주어+would+동사원형〉

(2) 의문사가 있는 간접의문문은 〈의문사+주어+동사〉 어순으로 쓴다.

(3) 의문사가 주어인 간접의문문은 〈의문사(주어)+동사〉 어순으로 쓴다.

09 글의 흐름상 '학생들이 왜 잠을 덜 자는가?'라는 질문이 되어야 한다.

10 '십 대들은 하루에 몇 시간을 자야 하는가?'에 대한 답은 세 번째 문장에 있다.

01 (1) I will buy either a ball or a Frisbee.

(2) While Tim was watching TV, I read a book. 또는 I read a book while Tim was watching TV.

(3) Joyce asked me what time it was.

02 (1) when her[Janet's] birthday is

(2) who ate it

03 (1) I have an uncle whose name is Arthur.

(2) Look at the tall girl who is riding a skateboard.

(3) Did you see the book which I was reading?

04 will go → would go

05 A teacher is a person who[that] teaches students.

06 (1) I was so thirsty that I drank three glasses of water.

(2) Because it rained heavily, the picnic was canceled. 또는 The picnic was canceled because it rained heavily.

07 (1) you write down the address, you'll[you will] forget it

(2) you take out the trash, I'll[I will] clean the windows

08 (1) as well as my dad is tall

(2) my dad but also my mom is tall

09 Were you in my room

10 (1) Did you go hiking

(2) How did you come

11 (1) enjoys → enjoy

(2) will come → comes

(3) because → because of

12 I were good at math 또는 I weren't bad at math / I had a sister

13 which she bought last month

14 (1) Don't run around the pool

(2) If you want to swim, tell me

15 (1) Can you tell me where you worked?

(2) I don't know why she is angry at me.

(3) I'll ask what Blaire wants to eat.

(4) I wonder if[whether] Steve liked my present.

16 (1) you're[you are] not a jazz fan 또는 you aren't a jazz fan / the concert won't[will not] be exciting

(2) you're[you are] a jazz fan / the concert won't[will not] be exciting

17 (1) : I enjoy not only reading but also writing.

18 Neither she nor I have any plans.
19 (1) Do you remember what he said?
   (2) This is the house where my grandparents lived.
20 (1) If I won the lottery, I would travel
   (2) If you were invisible, what would you do?
   (3) If you arrived on time, we could enter the museum.
   (4) If he lived here, he would work for this company.

해설

01 (1) 'A 또는 B': 〈either A or B〉
   (2) '~하는 동안': 〈while+주어+동사〉
   (3) 의문사가 있는 간접의문문: 〈의문사+주어+동사〉

02 (1) 의문사가 있는 간접의문문: 〈의문사+주어+동사〉
   (2) 의문사가 주어인 간접의문문: 〈의문사(주어)+동사〉

03 (1) 선행사가 사람(an uncle)이고 관계사절 내에서 명사(name)을 수식하므로 소유격 관계대명사 whose를 쓴다.
   (2) 선행사가 사람(the tall girl)이고 관계사절 내에서 주어 역할을 하므로 주격 관계대명사 who를 쓴다.
   (3) 선행사가 사물(the book)이고 관계사절 내에서 목적어 역할을 하므로 목적격 관계대명사 which를 쓴다.

04 가정법 과거: 〈If+주어+동사의 과거형/were, 주어+would+동사원형〉

05 문맥상 '선생님은 학생들을 가르치는 사람이다'라는 의미의 문장으로 쓴다.

06 (1) '너무 ~해서 …하다': 〈so+형용사/부사+that절〉
   (2) because 뒤에는 이유를 나타내는 〈주어+동사〉의 절이 온다.

07 (1) 〈명령문, or ...〉: 〈Unless ~, 주어+will ...〉
   (2) 〈명령문, and ...〉: 〈If ~, 주어+will ...〉

08 〈not only A but also B〉 = 〈B as well as A〉

09 빈칸 뒤 B의 대답으로 보아, 의문사가 없는 be동사의 과거시제 의문문: 〈Was/Were+주어 ~?〉

10 (1) 대답이 'Yes, I did.'이므로 의문사가 없는 일반동사의 과거시제 의문문: 〈Did+주어+동사원형 ~?〉
   (2) 대답이 '어떻게'에 대한 답변이고 동사가 일반동사의 과거형이므로 〈How did+주어+동사원형 ~?〉

11 (1) both A and B는 복수 취급한다.
   (2) 시간을 나타내는 부사절에서는 미래를 나타내더라도 현재시제를 쓴다.
   (3) 뒤에 명사(구)가 오면 전치사구 because of를 쓴다.

12 '~라면 좋을 텐데': 〈I wish+가정법 과거〉

13 선행사가 사물(the bicycle)이고 관계사절 내에서 목적어 역할을 하므로 목적격 관계대명사 which를 사용해서 쓴다.

14 (1) '~하지 말아라': 〈Don't+동사원형〉
   (2) '만약 ~라면': 〈If+주어+동사〉 / '~해라': 〈동사원형 ~〉

15 (1)~(3) 의문사가 있는 간접의문문: 〈의문사+주어+동사〉
   (4) 의문사가 없는 간접의문문: 〈if[whether]+주어+동사〉

16 '만약 ~이 아니라면': 〈Unless+주어+동사〉 = 〈If ~ not〉

17 상관접속사가 이어주는 대상은 같은 형태와 구조로 쓴다.

18 'A도 B도 아닌': 〈Neither A nor B〉 / B에 동사의 수를 일치시킨다.

19 (1) 문장의 목적어로 '~한 것'의 뜻, 선행사를 포함하는 관계대명사 what을 사용해서 쓴다.
   (2) 선행사가 장소(the house)이고 관계사절 내에서 부사 역할을 하므로 관계부사 where를 쓴다.

20 (1)~(4) 가정법 과거: 〈If+주어+동사의 과거형/were, 주어+would/could/might+동사원형〉

MEMO

쓰기로
마스터하는
중학 서술형